39 heures avec les autres

Anne-Marie Terreau
et le groupe de travail ACGF
"Femmes dans le monde du travail"
Juillet 1995

Préface

Célibataires, mariées, veuves, divorcées, avec ou sans enfants, très jeunes ou plus "toute jeunes", 75% des femmes en France ont un point commun : elles exercent un métier. C'est à leur rencontre qu'est allé le groupe de travail ACGF "Femmes dans le monde du travail". [1]

A travers environ 800 comptes rendus lus depuis trois ans, nous avons fait connaissance avec beaucoup d'entre elles. Dans le même temps, nous avons été interpellées par la situation de crise qui secoue le monde du travail depuis quelques années. C'est ainsi que nous avons orienté notre choix sur quelques points sensibles : chômage, licenciement, relations de personne à personne dans le cadre du travail professionnel.

Dans ces diverses situations, nous avons voulu souligner l'identité spécifique des femmes. Elles veulent être reconnues, elles sont sensibles à la qualité des relations, à l'ambiance. A ce propos, nous citons un bref passage d'une interview d'Albert Jacquard [2] :

«La génétique me fait comprendre pourquoi j'ai un foie, une rate, un cerveau et comment ça marche. Mais elle ne me fait pas comprendre comment "j'ai" une personne. Par conséquent, il faut que je trouve la source de ma personne ailleurs. Et je la trouve, moi, dans les contacts avec les autres. Par conséquent, la principale richesse qui m'a fait, ce n'est pas tel ou tel gène, mais ce sont les contacts, les échanges que j'ai eus».

Nous avons pu constater combien c'était vrai pour les femmes, c'est particulièrement sensible dans la troisième partie de cette brochure consacrée aux infirmières et aux aides-soignantes.

---

(1) Voir "qu'est-ce qu'un groupe de travail ACGF " page 74

(2) "Message du Secours Catholique" - Juillet 1994

Nombreuses sont les femmes qui s'épanouissent dans leur travail, elles seront deux à le dire en conclusion de cette brochure. Mais les femmes sont également très soucieuses de préserver l'équilibre entre leur profession et la vie familiale. A ce niveau se pose la question de la répartition des rôles homme-femme dans le couple.

Dans le domaine des relations, nous regrettons que la relation hommes-femmes dans le travail ne figure pour ainsi dire pas. Nous n'avions pratiquement pas de paroles de femmes sur ce sujet. Et pourtant, c'est là que se joue un enjeu formidable pour le partenariat homme-femme. Nous souhaiterions pouvoir aborder ce thème dans l'avenir.

■ Anne-Marie Terreau
et le groupe de travail ACGF
"Femmes dans le monde du travail"
Juillet 1995

■ première partie ■

LES RELATIONS AU TRAVAIL

1. Avec les employeurs

Dans leur milieu de travail, les femmes sont confrontées à différents types de relations avec leurs employeurs. Elles sont sensibles à l'ambiance, elles espèrent dialogue et compréhension de la part de leur patron. «Mon patron me laisse libre d'organiser mon temps pourvu que le travail soit fait.» «Une amie n'a pas de problème dans son travail. C'est une petite entreprise de dix-neuf personnes. Dans le bureau il y a quatre femmes. Elle travaille 135 h par mois. Elle a beaucoup apprécié qu'on lui laisse aménager son emploi du temps comme elle voulait quand son mari était malade. Elle fait des factures, des devis, différentes choses en tant qu'employée administrative.»

Lorsque tout va bien, les femmes parlent peu de ces relations. Les paroles surgissent avec les difficultés. Alors, elles osent se battre pour obtenir ou améliorer le dialogue. «Il a fallu 11 ans pour que j'ai de bonnes relations avec le patron. Que l'on puisse parler en confiance, que je me sente reconnue comptable. Toute proposition de rencontre, de dialogue, est positive.»

Le travail est plus facile quand le dialogue existe. Les femmes se rendent compte qu'il faut parfois du temps pour y parvenir, qu'il faut oser agir, même seules, mais aussi collectivement. «Les femmes se sont regroupées pour aller voir le patron. Même si cela n'a pas abouti, elles ont osé, cela peut changer les choses pour elles.» «Nous vivons des actions individuelles dans nos entreprises, mais il n'y a pas d'action collective : pas de syndicat.» «Notre service va se réunir pour voir le patron, parler des horaires et faire des propositions.»

Certains employeurs quelque peu "machos" humilient leurs employées. «Cette semaine, à son travail, ma belle-fille s'entend dire par ses supérieurs : "On va vous accorder une promotion, à condition que vous n'ayez pas d'enfants pendant deux ans".»

D'autres employeurs sont de mauvaise foi ou oublient tout simplement de les rémunérer. «L'été, les commerçants embauchent pour la saison et les estivants cherchent des femmes de ménage, mais ils ne les déclarent presque jamais.» «Je travaille dans un cabinet fiduciaire. Je supporte de moins en moins mon patron. J'ai été embauchée, comme les autres, au niveau du Bac et non du BTS. Tous les employés sont "assimilés cadres", donc pas d'heures supplémentaires, moyenne horaire inférieure au Smic. Le patron a racheté d'autres cabinets, d'où difficultés financières et licenciements.»

C'est particulièrement pénible lorsque les femmes sont contraintes de travailler professionnellement, ce qui est le cas des femmes seules. «Une jeune femme, divorcée, deux enfants, doit absolument travailler. Elle a eu deux emplois dans la vente, mais ne trouvant plus de travail dans ce domaine, elle signe un contrat "retour à l'emploi" (CRE) dans un bar. Très vite, elle est choquée par l'attitude du patron. Il est agressif et surtout humiliant, il prend plaisir à faire des réflexions devant les clients, tout est prétexte à vexer le personnel ; si, après une dure semaine de travail, la fatigue se lit sur le visage, il le signale en incriminant "les nuits de fête" que l'employée a dû faire ! Il a fallu se bagarrer pour obtenir une heure pour manger. Souvent, les femmes seules sont en butte aux réflexions des chefs ou des patrons. Les forts attaquent les plus faibles. Dans le cas que nous évoquons, que veut cet homme pour être aussi désagréable ? Lui-même n'est pas bien dans sa peau et se défoule sur ses employés.

Même avec sa femme, il a un comportement agressif. A la fin du contrat il aurait fallu qu'elle "lui donne son paquet", mais elle n'en a pas eu le courage, elle était si contente que tout cela se termine.»

Dans l'obligation de travailler, des femmes sont parfois amenées à accepter l'inacceptable, telle cette nouvelle embauchée dans une usine mal organisée. «J'ai commencé un intérim en mai, j'ai été embauchée depuis septembre dernier dans une usine de plastique. Je n'arrive pas à m'adapter au 3/8. Je suis mouleuse sur de grosses presses, debout toute la journée. Quelquefois, ce sont de grosses pièces. La machine débite, débite, car si la cadence n'est pas atteinte, on vient vous voir pour faire des remarques ; mais si on dépasse le nombre on ne nous félicite même pas. Il y a des colis à porter : un jour j'ai porté 300 kgs en une heure, par colis de 30 kgs, alors que pour la femme c'est limité à 25 kgs. J'ai passé un mauvais week-end. En ce moment, il y a beaucoup de travail mais une mauvaise organisation. Comme je suis la seule de l'équipe à être sur la presse, je n'ai que des réflexions. S'il y a un problème sur la presse, c'est la faute de l'ouvrier. Ils ne veulent pas réparer car le chef se fait disputer. L'ambiance est catastrophique, jamais un compliment. Si l'on fait du travail en plus, même pas de prime de remerciement. Alors, maintenant, j'attends devant ma presse sans rien faire. Ma patronne m'en fait la réflexion. Ma réponse : "je me consacre à ma machine", ça ne lui a pas plu. Alors qu'il y a un an nous étions trente dans l'atelier, il ne reste plus que deux équipes de deux employées.»

Certaines sont prêtes à se battre pour préserver salaires et conditions de travail, face à une réorganisation imposée. «Le rôle essentiel dans ma vie professionnelle est la gestion du temps de travail. Mon travail est remis en question, il s'avère qu'on doit remanier nos tâches, sans concertation, on va m'enlever certaines tâches et m'en redonner d'autres. On nous met devant les faits accomplis. Je suis partante si c'est pour améliorer les conditions de travail, mais je ne suis pas d'accord si l'on ne nous demande pas notre avis ; cela fait cinq ans que mon salaire régresse, on ne peut plus avoir de promotion. Dans certaines régions, il y a des tickets-restaurant, pas ici. C'est un manque à gagner de 350 F, ce n'est pas normal ; il faut savoir se défendre, je veux quelque chose d'équitable, il faut lutter.»

D'autres n'ont pas le choix et acceptent de faire des heures supplémentaires qui ne leur seront pas payées. «On est esclave du patron. Je fais des heures supplémentaires non payées et j'ai une heure de transport. J'essaie de prendre des résolutions, de quitter le travail à l'heure, ce n'est pas facile. Ma chef du personnel est raciste avec les Antillaises et les Réunionnaises. Elle nous fait travailler "à la carotte", elle essaie de nous acheter. Déjà, on a beaucoup de travail. Quand quelqu'un est absent il faut le remplacer. Je me sens brimée, esclave, et pourtant je suis privilégiée par rapport aux autres, elle ne "m'engueule" jamais. Il y a un changement de mentalité dans la direction. Il faut être là et faire des heures en plus. Avant, c'était plus souple. Il y a trop de travail partout. Même les chefs de service sont écrasés de travail et ne sont pas à la hauteur. Il y a une mauvaise répartition du travail.» «Une chocolaterie emploie des gens en travail saisonnier pendant les périodes de fêtes pour emballer les chocolats. On leur fait faire des heures supplémentaires qui leur seront payées quand on les embauchera. Jamais on ne leur paie les heures supplémentaires, mais les gens reviennent chaque année et se font avoir de la même façon.»

Les immigrés, particulièrement vulnérables parce que mal informés, peuvent être victimes de patrons peu scrupuleux. Les femmes doivent alors se battre avec tous les moyens à leur disposition. «Dans l'agence où je travaille, je vois des Turcs qui n'ont pas de bulletins de salaire. Je fais attention à eux en les recevant avec gentillesse. Mon patron se met en colère car les affaires déclinent. Au début, je le prenais pour moi mais je comprends qu'il se fait du souci. Il devient maniaque quand les affaires vont mal.» «Dans notre atelier de couture, une jeune immigrée se plaint de ne pas être remboursée par la Sécurité sociale. Je lui conseille d'aller voir son assistante sociale qui, après maintes recherches, s'aperçoit que nous n'étions pas déclarées à la Sécurité sociale. C'était pour ainsi dire un atelier clandestin car le nom de la société n'existait pas. Après une enquête de l'URSSAF, nous écrivons au procureur de la République qui nous met en rapport avec les Prud'hommes. Le patron n'a jamais répondu aux convocations et, de ce fait, le Tribunal ordonne une saisie de ses biens propres. Cette décision a beaucoup contrarié notre patron. Il ne pensait pas que les employées se défendraient. Beaucoup de patrons sont dans le même cas. Les petits artisans sont obligés de payer leurs cotisations. Si toutes les entreprises étaient honnêtes, il n'y aurait pas de déficit de la Sécurité sociale.»

Les femmes sont découragées lorsqu'elles sont obligées de travailler dans une mauvaise ambiance. «Je suis écœurée du climat qui règne au travail. On nous dit de nous occuper exclusivement des clients "intéressants", ceux qui ont de l'argent, ceux qui nous rapportent quelque chose; les autres, on n'a pas de temps à perdre avec eux. Nous ne sommes pas un organisme social. Voilà le langage que l'on nous tient. J'ai besoin de travailler, mais je ne veux pas cautionner de tels raisonnements. Comment réagir ? Comment ne pas accepter que le pauvre, le marginal ne se sentent plus exclus, plus marginalisés par notre attitude, par notre mépris ?» «Ma fille a trouvé un emploi, mais pour garder sa place elle doit "ne pas s'occuper des autres". On lui avait demandé de faire plus de chiffre que la personne qu'on voulait renvoyer. La direction s'amuse à dresser les gens les uns contre les autres. A cause du chômage, il faut voir les conditions dans lesquelles on les fait travailler en ce moment.»

Actuellement, le climat de rivalité s'exacerbe. «Les gens sont inquiets, beaucoup de personnes briguent les mêmes postes. Cela amène des rivalités entre les gens, des relations faussées par ces clivages... Dans ce contexte, difficile de rester sereine et d'avoir le recul nécessaire pour ne pas entrer dans ces clivages.»

Quand l'allant n'y est plus, même après de bonnes vacances, travailler dans de telles conditions, sans espoir d'être écoutée, provoque pessimisme et découragement. «Je suis interpellée par le pessimisme ambiant dans mon milieu de travail. Ce soir, une amie me téléphone me disant que, bien qu'elle rentre de vacances très en forme, elle n'a plus le ressort suffisant pour réagir positivement aux aléas de son service (changements d'horaires inopinés, conditions de travail de plus en plus dures, décisions prises sans consultation du personnel). Je crois qu'il est de plus en plus difficile de travailler dans la joie, de ne pas se laisser gagner par la morosité. Moi, jusqu'à présent, je réussis encore à dépasser les problèmes pour retirer le positif des choses, mais jusqu'où garderai-je cette volonté sans me laisser entraîner par le courant ambiant ?» «Lorsque j'ai commencé à travailler, je crois que nous avions aussi nos problèmes et que, malgré tout cela on travaillait davantage dans la joie. Je trouve qu'actuellement on ne sait pas faire ressortir le positif des choses.»

Il ne faut jamais désespérer. Des situations qui semblent définitivement bloquées peuvent s'améliorer et les conditions de travail devenir meilleures. Le dialogue est alors l'une des clés du changement dans ce domaine. «En positif, j'ai constaté qu'après une période difficile où l'on voulait exiger des caissières un rythme ne permettant pas les contacts (chiffre d'affaires horaire), l'entreprise était revenue à une plus grande souplesse et les caissières aident volontiers les clients malhabiles, âgés ou handicapés.» «Mauvaise atmosphère au travail : un différend entre trois employées et le patron. A la suite de cela, le patron a dit : "Je n'ai pas besoin de vous, vous pouvez vous en aller". J'ai essayé de les faire se rencontrer, en parlant avec les deux opposants. La conciliation a eu lieu.»

2. Avec les collègues

Le côté relationnel est important pour les femmes. Elles font beaucoup d'efforts dans leur milieu professionnel afin de surmonter les nombreuses embûches qui empêchent les bonnes relations entre collègues. Une de leur préoccupation est l'accueil de "l'autre", la nouvelle à épauler, l'étrangère à respecter dans sa différence. «Nous devions trouver nous-mêmes les stages en entreprises. Les employées étaient sympathiques et m'ont bien accueillie, mais elles avaient chacune leur travail précis et je ne pouvais pas participer. Le temps était long et c'était dur d'avoir l'impression de ne servir à rien. Ce stage a créé des liens entre nous. Ce matin, nous nous sommes retrouvées à quatre et nous avons mangé ensemble à la cafétéria.» «On nous avait demandé de travailler le dimanche. J'ai alors proposé à une collègue noire si elle voulait faire équipe avec moi et qu'elle choisisse l'horaire qui lui convenait. Notre chef a été étonné que je lui laisse la priorité.»

"L'autre" peut être différente par son handicap, même léger, elle a besoin de soutien et de compréhension. «Je suis malentendante et c'est une lutte et une tension permanente au bureau pour bien faire mon travail. Heureusement, l'ambiance est bonne entre collègues et mes employeurs sont compréhensifs. J'ai vu mon docteur, car ma surdité avait augmenté suite à l'arrêt d'un médicament. Peu après, mon employeur avait averti la médecine du travail pour demander de vérifier mon audition.

C'est vrai que mon ouïe avait baissé. Pendant la visite j'étais émue et j'entendais encore moins bien. J'avais peur que l'on me dise d'envisager un autre travail. De retour au travail, j'étais au plus bas, et un jeune collègue m'a dit : "Il n'est pas question que vous partiez." Je suis allée voir mon prothésiste qui m'a réglé mes appareils et cela va mieux maintenant. Quand mes employeurs sont rentrés de vacances, je les ai mis au courant de toutes mes démarches et ils m'ont dit : "Pas de problème." Du fait qu'ils ne m'avaient pas parlé de cette demande de vérification, je pensais que je ne faisais plus l'affaire. J'en avais discuté avec mes enfants et envisagé de faire autre chose. Mais que faire ? Etant seule, j'ai absolument besoin de mon salaire pour tout assumer.»

Travailler n'est pas agréable quand il n'y a pas de solidarité entre femmes. «Dans le monde du travail, la solidarité n'est pas toujours vécue. Dans une entreprise qui n'emploie que des femmes, il y a souvent des rivalités, on ne soutient pas ses collègues, on ne partage pas ses connaissances, on essaie même d'enfoncer les nouvelles. Tout cela pour ne pas perdre son rendement, son travail, et souvent les mauvaises conditions de travail aggravent les divisions.» «Je connais une femme qui a essayé de rentrer dans l'enseignement pour retravailler. Elle a eu une semaine de cours en formation à l'école normale et maintenant elle fait des remplacements de semaine en semaine dans des écoles différentes et de n'importe quel niveau. Non seulement elle n'a pas l'expérience, mais en plus les institutrices ne sont pas très sympathiques. Elles ne lui laissent aucun document, aucun manuel...»

C'est encore plus pénible quand on traverse des moments difficiles au milieu de l'indifférence générale. «J'ai fait de la dépression nerveuse après la mort de mon mari. Mes collègues de bureau ne se sont pas inquiétées de moi. Maintenant, je ne veux pas déjeuner à la cantine avec elles.»

Lorsqu'il s'agit des jeunes sans expérience, le souci de l'accueil devrait être primordial et pourtant... «Ma belle-fille me dit que certains employés se moquent de la maladresse des jeunes qui débutent et qui ne sont pas très rapides. Ils ne les aident pas, par méchanceté.» «A la maison de retraite où je suis employée, une stagiaire est arrivée. La directrice l'a affectée, pour commencer, à la lingerie. Après quelques jours, elle n'a plus accepté de rester là. Elle était venue pour avoir des contacts avec des personnes âgées. Lorsqu'on fait un stage, il faut passer dans tous les services ! Mais quand même, parfois n'y a-t-il pas une responsabilité de notre part, nous les anciennes ? Ne voulons-nous pas que les jeunes qui débutent fassent le travail aussi bien que nous ? Sommes-nous assez compréhensives ?»

La relation entre responsable de service et subordonnées peut être source de conflits, malgré la bonne volonté de la responsable. «Une collègue a des difficultés avec une personne qui ne veut pas effectuer le travail qu'elle lui donne à faire. S'il ne lui plaît pas, elle ne le fait pas. Elle a la responsabilité de trois ou quatre personnes, dont une qui lui en fait voir : "Votre place, on ne vous la prendra pas." Il existe un rapport de force entre celui qui détient des responsabilités et celui qui n'en a pas. Responsable de l'aide sociale, cette femme espérait vivre en bonne intelligence avec ses collègues de bureau.»

Commérages, indiscrétions sévissent sur les lieux de travail, ce qui ne favorise pas les relations avec les collègues. «Le travail dans mon milieu d'usine entre femmes et quelques hommes pousse à une indiscrétion totale, une mise à nu des vies privées. Il y a un climat malsain, des critiques.» «Dans le travail, la jalousie se transforme en méchanceté et je suis devenue méfiante, ça me bloque. Cela me fait remettre en cause. On me reproche d'être trop directe et rancunière, on me trouve froide. J'avais confiance dans l'une de mes collègues mais je n'ai plus rien à dire, je me renferme. C'est une conséquence du comportement général. Je suis droite, cela les dérange. Pour elles, être consciencieuses c'est être "lèche-bottes". On doit sortir à 17h, elles partent à 16h30 et me reprochent de ne pas faire comme elles. Ce n'est pas dans ma mentalité. Et puis je suis parente avec la responsable principale. Les femmes passent leur temps à épier et à critiquer; de ce fait, le travail en équipe devient difficile du point de vue rendement.»

Le vol, calomnie ou réalité, empoisonne les relations. Le premier exemple montre comment une accusation injuste peut gâcher la vie d'une femme. «J'ai vécu quelque chose de très dur. Il y a vingt ans, une somme d'argent a disparu et j'en subis encore les conséquences. Quand j'arrive, on dit : "C'est la voleuse, fermez vos vestiaires." Dès que quelque chose disparaissait, c'est moi que l'on accusait. J'étais veuve avec deux enfants, j'avais besoin de travailler. Mon frère, président du syndicat, m'a dit : "Passe l'éponge." Je n'ai jamais osé me défendre. Si je me plains, c'est la porte. Mes soucis continuent. Depuis, mon frère a été muté. On redit toujours : "Fermez vos vestiaires, voilà la voleuse." Cependant, j'ai été témoin d'un vol. La cuisinière et le personnel se partageaient les repas en trop. La cuisinière est grossière et méchante, elle s'est moquée de moi parce que j'appelais Dieu à l'aide. Un collègue m'a dit: "Méfie-toi, on pourrait te faire vendre ton appartement." C'est de la persécution, c'est de la lâcheté de s'attaquer à plus faible que soi. La cuisinière m'a même menacée d'un couteau.»

L'exemple suivant présente un autre aspect du problème : comment vivre avec une personne que l'on soupçonne avec raison ? «J'ai eu des tas de problèmes à mon travail. Une collègue plus âgée qui vit depuis 22 ans dans le même service, volait dans le sac à main de la petite jeune qui travaille avec moi. Déjà, il y a quelques mois, elle avait rajouté 35 F au montant total d'un cadeau que l'on faisait en commun. Dès le lundi on a tendu un piège, elle a pris 40 F une première fois, 21 F une autre fois. Je suis allée voir le chef de service : "Ça tombe bien, on vient de voler dans un autre service et une circulaire arrive ce jour." Elle a fait circuler la note en soulignant une partie. Quand cette collègue a vu la note, elle a blanchi et a posé des questions. Tout le monde était à l'affût de sa réaction. Le lendemain, elle a repris 30 F. J'ai fait une mini réunion pour dire à tous : "Attention, on a volé de l'argent dans le sac de Francine." et tous la regardaient car ils savaient. "Vous me faites la tête." Je lui ai fait comprendre qu'on doutait d'elle. On ne fait rien car dans un an, elle est à la retraite, mais on respire mal à côté d'elle.»

Pour que de bonnes relations s'installent, les femmes sont conscientes de l'utilité de la diplomatie. Il ne faut pas hésiter à parler. «Je le vis dans mon bureau. Il y a une collègue que tout le monde déteste. Je la défends. Elle prend l'huissier pour son esclave. J'ai parlé pour lui. Quand on respecte les gens, on s'entend. Il faut savoir s'imposer, ne pas se laisser faire, se faire respecter ; il faut remettre cette femme à sa juste place. Ne pas remettre et laisser s'envenimer un problème. Ne pas parler sous le coup de la colère, rester calme. Peut-être y a-t-il quelque chose de plus collectif à essayer, une réunion, une concertation. Aucune information ne passe. Je demande une réunion mais c'est toujours remis. Il faut crever les abcès, faire un éclat.»

Un mot gentil, une explication, une mise au point améliorent bien des situations. «Au travail, un employé ne parlait pas gentiment avec les clients et avec les autres collègues. Je lui en ai fait la remarque avec délicatesse et le soir toute l'équipe est restée pour une remise en cause. Cet employé concerné a vidé ce qu'il avait sur le cœur et tout n'était pas justifié. Maintenant, il fait des efforts pour s'améliorer et toute l'équipe est solidaire pour être un peu à son écoute et l'aider.»

Faut-il tout dire ? Faut-il être directe ? Trouver le juste milieu semble difficile. «Dans mon travail, j'ai remarqué que ceux qui agissent mal n'aiment pas qu'on leur dise la vérité. Je suis directe, aussi je n'ai pas beaucoup d'amis. Chaque fois que je dis aux autres que je ne suis pas d'accord avec ce qu'ils font, cela m'est difficile à dire parce que je crois être moins aimée, avoir mon image de marque ternie. Si je ne suis plus la "copine" un fossé se creuse, il y a quelque chose qui se brise. Avec les adultes aussi, il faut savoir se faire respecter. Au bureau, on me connaît et on me parle poliment, mes collègues savent que je n'accepterais pas des propos déplacés.»

Il est parfois indispensable de parler au patron pour "débloquer" une situation, c'est le rôle des plus anciennes. «J'ai beaucoup de boulot. Il faut faire le maximum dans le minimum de temps. Une collègue est partie, remplacée par une jeune qui ne connaît pas le travail. On lui demande 75% de rendement, elle s'est démoralisée. J'en ai parlé à mon patron, ça commence à s'arranger, nous les anciennes avons un rôle à jouer. Il faut soutenir les jeunes pour arranger les choses, les diriger. Celle d'avant a dû quitter. Il ne faut pas rester sur un malentendu, mais mettre les personnes en confiance. On demande de plus en plus de travail aux gens et d'un autre côté il y a du chômage.»

Les relations conflictuelles peuvent être provoquées par des changements au sein des entreprises qui dépassent largement le simple conflit de personnes. Lorsqu'il y a soupçon d'espionnage industriel, appliquer les ordres reçus n'est pas toujours évident. «La PME dans laquelle une amie travaille en tant que secrétaire de direction a acheté en septembre dernier une assez grosse société. L'ambiance n'y est pas bonne. Beaucoup craignent d'être licenciées. Les relations y sont très difficiles. Un des rôles de mon amie est d'essayer de faire comprendre que la réussite ne s'obtient que par un travail d'équipe. Or, mon amie doit elle-même travailler avec la secrétaire de l'ancien directeur. Elle l'avait tout d'abord encouragée à participer le plus possible aux travaux demandés. Brusquement, on soupçonne cette secrétaire d'avoir travaillé sur un dossier d'espionnage industriel et on se méfie. Mon amie ne sait plus quelle attitude avoir envers elle : rester naturelle et affable mais appliquer les instructions de réserve reçues...»

La conscience professionnelle est-elle un atout ou une source de difficultés ? «L'année dernière, après 17 ans comme professeur de maths en école libre, j'ai changé. Au moment du changement tout est nouveau, surtout les relations avec les collègues; ça fait du bien de changer, de tout recommencer, mais là aussi il y a des difficultés. Au niveau solidarité on se bat parfois pour des “fumistes”. Avoir de la conscience professionnelle, à la limite, c'est mal vu.»

Assistante maternelle : un métier qui n'est pas toujours reconnu. Mais pour les femmes qui l'exercent, un métier au cœur des relations humaines, un métier qui les passionne. «Je suis assistante maternelle, ce métier n'est pas toujours reconnu, même par les personnes qui confient leurs enfants. Malgré tout, depuis que je l'exerce je trouve qu'il y a des progrès, mais il y a encore des parents qui ne préviennent pas quand ils ne confient pas leurs enfants et qui ont du mal à accepter les congés payés. Il y a aussi des parents qui ne préviennent pas quand ils prennent des congés. Ils ne se rendent pas compte que nous exerçons un travail au même titre que le leur. Nous n'avons rien pour nous défendre. Nous avons des tarifs très bas, 107 F par jour.

Le problème essentiel, c'est la relation à l'argent. Les parents doivent payer une personne qu'ils ne reconnaissent pas comme employée. Peut-être parce qu'ils sont eux-mêmes employés. Malgré tout j'aime mon métier, je "m'éclate avec les enfants", je n'ai pas de patron. Par contre, ce qui me manque c'est de rencontrer d'autres personnes. Ce qui est différent quand on travaille à l'extérieur.

Quand je gardais des enfants, il ne fallait surtout pas que l'on dise que c'était pour gagner de l'argent. Oui, beaucoup de gens pensent : cette personne ne doit pas beaucoup aimer les enfants puisqu'elle accepte de l'argent pour s'en occuper. Pourtant, on fait plus qu'avec nos propres enfants. C'est un métier qui demande beaucoup de patience.

Comme assistantes maternelles, nous repartons en guerre, nous avons deux heures de Smic pour 8h à 11h de travail ; on nous demande d'aller à la ludothèque, à la consultation tous les mois jusqu'à un an, tous les deux mois au-delà. A la mairie, ils veulent faire beaucoup pour l'enfant, mais le rythme est trop rapide pour lui, ainsi que pour nous, assistantes maternelles.»

3. Des relations avec un autre regard

La foi en Jésus-Christ permet à certaines femmes d'avoir un autre regard sur leurs relations. Elles nous expliquent comment leur foi les aide à agir plus généreusement quand surgissent les problèmes. «Au bureau, je me suis aperçue que mes collègues me font confiance et me demandent conseil, elles savent que je ne suis pas médisante, contrairement à la mentalité de la plupart, ce qui est très souvent pénible pour moi. Le Christ nous dit dans l'Evangile : "Qu'est-ce que vous avez à changer dans votre vie?" Dans ce texte d'Evangile il veut nous montrer ce que nous sommes : on pense que si les autres sont moins bons que nous, qu'on n'a rien à se reprocher : on cherche des responsables. Chacun est appelé à se convertir, à changer son cœur. Il faut savoir pardonner aussi. "Maître, laisse ce figuier cette année encore... il donnera peut-être des figues l'année prochaine." C'est l'espoir de notre conversion.»

Entre rendre service et faire du zèle, il y a une nuance qui n'est pas toujours comprise. «Dans mon travail, je voulais aider les autres qui étaient surchargées. Je suis donc arrivée plus tôt. Elles ont cru que j'étais venue pour les espionner.» «Faire du zèle, c'est mal vu. A mon bureau aussi le même cas s'est produit, les autres ont critiqué en disant que cela leur faisait du tort. C'est dur d'être témoin du Christ. Il faut se battre partout.»

Les femmes trouvent aussi dans leur foi les motivations pour aller plus loin en s'engageant dans l'action collective ou en étant proches de ceux qui souffrent. «Pour moi, l'important c'est de rendre service et accueillir l'autre sur le plan humain. La foi me pousse à aller plus loin : faire partie d'un syndicat, d'un groupe d'animation liturgique, et être avec les autres.» «Pour moi, j'ai eu un changement complet de vie. Puisque mon mari est malade j'ai repris un travail à temps complet, je suis femme de service dans un foyer de l'enfance. Le travail que je fais me fait réfléchir car je côtoie des enfants qui ont des gros problèmes : parents divorcés, alcoolisme... Jamais je n'aurais imaginé de telles souffrances pour les enfants. Alors je me pose des questions : en tant que chrétienne le Seigneur m'appelle. Qu'est-ce que je dois faire au milieu de ces enfants ? Que leur apporter ? J'arrive à tenir le coup car les animatrices dialoguent beaucoup avec moi et cela m'aide pour mon attitude envers les enfants.»

Pour avoir de bonnes relations, il faut savoir écouter et être discrète, voilà la recette que donne une femme, et plus encore voir en tout autre le visage du Christ. «Les relations avec mes collègues étaient limitées. Maintenant, certaines me racontent leurs soucis. Ecoute et discrétion sont essentielles pour partager leurs problèmes. J'essaye de pratiquer l'entraide, de ne pas juger ni critiquer mes collègues, de limiter les "petites histoires" et de ne pas entrer dans ce jeu. La foi m'aide parfois à voir dans le client ou le collègue, son côté positif, sa valeur ; qu'il soit agressif, démuni, sale ou ivre, il y a en chacun d'eux le visage du Christ et il faut leur donner un vrai regard, un vrai sourire.»

▪ deuxième partie ▪

AFFRONTÉES AU LICENCIEMENT ET AU CHÔMAGE

Les femmes travaillant hors du domicile sont de plus en plus nombreuses en France. Le taux d'activité moyen des femmes entre 25 et 54 ans est passé de 45% en 1968 à 75% en 1990 et il augmente régulièrement.

Depuis 10 ans, l'évolution de l'emploi féminin s'est faite, d'une part sur des postes qualifiés avec des conditions d'emploi se rapprochant de celles des hommes, d'autre part, dans des catégories peu qualifiées, souvent sur des emplois précaires ou à temps partiel.

Pour les jeunes filles comme pour les jeunes gens, la scolarisation dure plus longtemps. A 20 ans, la majorité des jeunes est encore à l'école. C'est la difficulté d'insertion professionnelle qui les pousse à prolonger leur scolarité. Ils veulent obtenir un niveau de diplôme le plus élevé possible afin d'avoir les meilleurs atouts contre les risques de chômage. Le nouveau "modèle" est particulièrement visible chez les jeunes filles pour lesquelles un diplôme élevé est encore plus nécessaire pour obtenir un bon emploi. Pour les femmes entre 55 et 61 ans, l'activité est en chute libre. L'importance des pré-retraites explique cette forte baisse. Cependant, un nombre significatif de femmes travaille au-delà de 60 ans pour pouvoir bénéficier d'une retraite complète, du fait d'une carrière trop courte ou interrompue.

Documentation : L'emploi des femmes (actes de la journée d'études du 4 mars 1993).

1. Le licenciement

Les femmes sont de plus en plus nombreuses à travailler professionnellement. Nous allons constater qu'elles ne sont pas épargnées par la crise actuelle. Elles sont plus que les hommes touchées par le chômage.

Etre licenciée est une épreuve, les semaines ou les mois qui précèdent la décision sont souvent pénibles à supporter. Des bruits courent, mais pas de certitude : serai-je dans la charrette? «Je vis une angoisse à travers le problème de l'emploi. Notre usine ferme-t-elle ou pas ? Faut-il accepter la mutation ou pas ? Au milieu de cette réflexion, un coup de fil m'a aidée. Je trouve important de pouvoir partager avec d'autres les soucis, l'espérance dans l'avenir. On a besoin de se redonner confiance. J'essaie de vivre cette situation dans le calme, de passer ce mois le mieux possible sans savoir ce que sera demain. J'ai profité de ce travail dix ans. La vie en collectivité a été pour moi un enrichissement.»

Les relations avec la direction sont souvent tendues dans les entreprises qui doivent licencier. «Je vais être licenciée et les chefs sont en train de nous "crever". Veulent-ils nous décourager pour que l'on démissionne ? On ne compte pas en tant que personne. On fait notre travail et quand ils n'ont plus besoin de nous, ils nous jettent. Ils ne disent rien. Nous n'aurons pas notre lettre de licenciement tant que le travail ne sera pas résorbé.»

Quelles que soient les circonstances et les causes de leur licenciement, les femmes expriment leurs souffrances, leurs difficultés, leurs incertitudes, leurs regrets. «Je n'ai pas choisi. J'ai été licenciée après 22 ans de maison dans un pressing, suite à une liquidation judiciaire. En trois mois, tout a été liquidé et moi avec. J'aurais aimé travailler quelques années encore. Je n'avais pas assez de versements et je suis toute seule, célibataire, pour assumer ma retraite. J'ai trouvé cela très dur et puis j'ai cherché à m'occuper en faisant du bénévolat : entretien de l'église.» «J'étais vendeuse, puis j'ai arrêté pour élever mes enfants. J'ai repris mon activité jusqu'au licenciement, alors j'ai regretté cette vie de travail.» «Dans la société où je suis, il y a trop de travail. Comme les locaux sont trop petits ici, l'entreprise va déménager dans l'Eure et Loir. Il y a neuf personnes qui ne peuvent pas suivre et vont être licenciées, je suis du lot. Pour ceux qui vont retrouver du travail, ils vont perdre leur ancienneté. J'ai 55 ans, une collègue 58 ans. On a l'impression d'être jeté à la rue. Nous avons droit à un an de chômage.»

Face à ces situations difficiles, certaines, peut-être mieux informées, s'inscrivent à des stages de formation même s'il faut en assurer le financement. «Sachant que j'allais être licenciée, j'ai fait un stage en informatique que j'ai payé de mes propres deniers.»

Les difficultés du licenciement sont parfois aggravées par le comportement des chefs d'entreprises, par exemple cette employée qui remet en cause la politique de l'emploi menée au sein de son entreprise. «Ce sont les problèmes de travail, de licenciement qui me préoccupent en ce moment, surtout dans la manière dont ces problèmes se gèrent. On fait partir des employés de longue date pour en mettre de plus jeunes. C'est injuste de traiter ces personnes de cette façon ; en leur donnant de plus en plus de travail, on les décourage pour qu'ils partent d'eux-mêmes. L'ambiance se dégrade et la méfiance s'installe. Il n'y a pas de place pour le dialogue avec les responsables ou le directeur trop occupé à ses rendez-vous ! Cette situation est difficile à vivre au quotidien. Si la communication existait davantage certaines erreurs pourraient être évitées : deux personnes ont été embauchées là où le travail n'en nécessitait qu'une seule ; après quelques mois, il a fallu supprimer un emploi.»

Certaines femmes éprouvent le sentiment d'une grande injustice, elles regrettent le manque de communication entre le personnel et la direction. «Le problème n'est pas entre collègues mais avec la direction qui veut tout restructurer et dit : "ça coûte cher." Nous avons été augmenté pendant les bonnes années et maintenant ils veulent que nous partions. Ils disent qu'après 10 ans il faut partir et faire autre chose. Une entreprise qui fait des bénéfices ne devrait pas avoir le droit de licencier. Ils sont malins, ils mutent les gens dans les postes qui ne leur conviennent pas pour les dégoûter et les amener à partir. Moi, je m'accroche. On me dit: "Vous allez être mutée", puis plus rien, c'est très déstabilisant ; je continue à faire consciencieusement mon travail. Ils veulent des jeunes qu'ils paient moins cher et qui sont plus efficaces. Dans ce monde, ce qui compte, c'est le rendement, la personne passe après, comment les patrons vivent-ils leur foi ?» «Il y a eu neuf licenciements chez "Manitou", qui seront suivis d'un certain nombre de mises à pied dans les mois qui viennent. Plusieurs femmes sont touchées : maris, enfants, frères... On ne

tient compte d'aucun critère : un licencié avait 20 ans d'usine, un autre a plusieurs enfants à charge, sa femme est au foyer, il n'y a donc qu'un salaire. Un ouvrier a proposé à la direction d'être licencié car sa femme a un commerce et ils pouvaient vivre ainsi, la direction a refusé.» «La société "Abeille" offre une somme d'argent à ses employés pour qu'ils partent après 35 ans de travail. Ils ont refusé car, même si c'était pour employer des jeunes, c'était pour les payer moins cher.»

Et pourtant avoir une attitude humaine peut être aussi le souci des employeurs, certains d'entre eux vivent mal le fait de licencier leur personnel. «Dans notre entreprise, nous avons eu des ouvriers qui ont mal fait leur travail, il a fallu tout recommencer ; nous les avons licenciés en leur donnant une prime de licenciement malgré leur faute professionnelle. Cela nous a été difficile financièrement et moralement. Dans le même temps, nous avons eu un contrôle fiscal.» «Je vis le dépôt de bilan de notre société, notre vie de famille est perturbée. Il y a eu renvoi d'un salarié et passage au tribunal. Mon mari est devenu salarié. Je n'ai plus envie de rien, même plus de la messe du dimanche. Je suis accablée dans cette situation difficile, humiliée dans la procédure. Il est vrai que le monde est dur. Chacun est seul face à la souffrance.»

Les stages en entreprise n'ont-ils pas pour but de faciliter l'insertion des jeunes dans la vie professionnelle ? Mais leur efficacité n'est pas toujours assurée. «Dans une grande surface des jeunes sont pris régulièrement en stage de formation avec un travail réel et des horaires complets pour un demi Smic, mais à la fin, pas d'embauche.» «Une stagiaire étudiante fait 8 à 10h de travail par jour sans aucun salaire. A la suite du licenciement de la femme de ménage en place, la stagiaire doit faire le nettoyage des locaux. Elle doit tout supporter du patron car celui-ci remplit un rapport exigé par l'école pour l'obtention du diplôme de fin d'étude.»

2. Le chômage

Le chômage féminin reste beaucoup plus élevé que le chômage masculin. En 1992, 12,9% des femmes sont au chômage contre 8,6% d'hommes. Quelle que soit la catégorie socio-professionnelle, le taux de chômage féminin est toujours supérieur au taux masculin et cet écart s'accentue pour les professions les moins qualifiées.

Le chômage est d'autant plus important que la catégorie de main d'œuvre est peu diplômée. Les inégalités entre hommes et femmes sont plus grandes quand le niveau des diplômes décroît.

Le taux de chômage des femmes est presque le double de celui des hommes. En 1992, près d'une femme sur quatre était au chômage. A tous les âges, le chômage féminin est beaucoup plus élevé que le chômage masculin et cette disparité tend à s'accentuer. «Les 3/4 des demandeurs d'emploi sont des femmes. Un homme ne tient pas le coup sans travail, une femme le supporte mieux.» «Dans notre ville, une entreprise vient de licencier quatre-vingt-dix personnes, ce ne sont que des femmes et beaucoup sont en difficulté.» «J'ai été licenciée il y a plusieurs années. J'en ai beaucoup souffert, je n'ai jamais pu retravailler car j'avais un travail très spécialisé, je me sentais humiliée, exclue. Maintenant j'ai une petite retraite.»

Face au chômage, les femmes ne restent pas les bras croisés. Elles sont actives dans leurs recherches, et quand elles sont infructueuses elles savent "s'occuper". «Je cherche du travail, je me suis inscrite à l'ANPE (peut-être que je pourrais avoir un stage), j'ai écrit beaucoup de lettres, je réponds aux petites annonces, je prends des travaux de couture à la maison.» «Licenciée deux fois en quatre ans, je me suis recyclée, mais je ne trouve pas de travail. Je suis trop âgée, mais pas assez pour toucher ma retraite. Je dois fournir des preuves de recherche d'emploi sinon on me supprime le chômage. C'est un souci constant, c'est difficile à vivre. Heureusement, j'ai été bien entourée par ma famille. J'ai rencontré des gens compréhensifs. Le caté m'aide, m'oblige à penser à autre chose, ma foi me soutient. J'ai essayé de ne pas me replier sur moi-même (aide, bénévolat).»

«**Je** travaillais depuis 12 ans dans une petite entreprise familiale de vente de "pièces détachées automobile" lorsque j'ai été licenciée. Nous étions quatre et j'appréciais la bonne ambiance ainsi que les travaux variés qui m'étaient confiés. La fermeture définitive ayant eu lieu en juillet, j'ai profité de l'occasion pour rester avec mes enfants de 12, 6 et 3 ans pendant les vacances scolaires. Malgré un budget serré, nous venions d'acheter la maison, c'était possible de vivre avec un seul salaire.

J'ai cherché, à partir de septembre et durant quatre mois. L'ANPE ne m'a été d'aucun secours. La seule place qui m'a été proposée, je n'ai pas été prise. Je me suis débrouillée seule en lisant les petites annonces des journaux et en écrivant. Sur les cinquante lettres que j'ai envoyées, je n'ai eu que trois réponses (malgré les enveloppes timbrées jointes pour la réponse).

J'avais très peur de ne pas retrouver un emploi, avec l'emprunt et nos trois enfants, qu'aurions-nous fait ? J'ai passé une période pénible pendant laquelle je n'avais plus goût à rien. Heureusement, sur les trois réponses suivies de trois rendez-vous, j'ai trouvé une place dans une PME : celle où je suis depuis deux ans. Ce n'est certainement pas l'idéal, j'assure un travail de secrétaire aide-comptable qui pourrait être intéressant, mais je n'ai pas d'autonomie, ce que je regrette. Par ailleurs, l'ambiance est souvent pénible, voire insupportable ; mais pour le moment je préfère rester, j'ai trop peur de me retrouver au chômage.»

■ Sophie

Lorsque leurs maris se retrouvent au chômage, les femmes disent combien leur vie de famille s'en trouve bouleversée. Il faut parfois retravailler, se restreindre la plupart du temps, quelquefois déménager pour préserver l'unité familiale et bien souvent soutenir un mari déprimé.«Quand mon mari a perdu son emploi, il a bien fallu s'adapter. Je me suis mise à travailler. Nous avons dû acheter la maison de fonction. Il nous a fallu faire un bond en arrière. Mon mari travaille à mi-temps avec un emploi qui ne correspond pas à ses capacités et un salaire inférieur à ce qu'il touchait au chômage. Mais ce nouveau travail dans le monde des handicapés l'intéresse, il s'y sent utile ; avant, il était déprimé. A la fermeture de l'entreprise il avait participé au licenciement des employés, c'était humainement très dur, il est parti avec les derniers. Il a appris à m'aider à la maison, il s'est rendu compte de ce que cela représentait : être "mère au foyer", ce n'est pas être sans "profession" ! » «Après 30 ans dans la même maison, mon mari s'est retrouvé au chômage. Retour à la campagne et gros changement de vie. Début de dépression de mon mari qui ressent ce chômage comme une honte ; c'est là que la solidité du couple et la foi commune sont les moteurs vitaux pour remonter la pente.»

Les solutions apportées à ce problème sont diverses et variées. Elles impliquent toutes, courage et esprit d'initiative. «Mon mari est licencié depuis mai, maintenant, c'est moi qui travaille, mon mari est à la maison, avec tout ce que cela implique comme souffrance.» «Mon mari a été licencié il y a deux ans. Nous essayons de monter une petite société et cela ne va pas sans difficultés.» «Mon mari a changé de métier en raison du chômage. C'est une décision difficile à prendre. Il faudra peut-être déplacer toute la famille pour vivre ailleurs, près de son nouveau lieu de travail. Je suis prête à tout laisser et à tout recommencer pour ne pas sacrifier notre vie familiale.»

Face aux difficultés de leurs enfants qui, même avec des diplômes, ont du mal à trouver un emploi, les femmes expriment leur inquiétude, leur souffrance. Dans ces situations précaires, les parents ont un rôle essentiel à jouer. Leur soutien, leur compréhension permettent à leurs enfants de ne pas se décourager. «Dans sa recherche de travail, mon fils a passé des tests et des entretiens qui l'ont démoli. On lui a dit : "Vous êtes refusé", sans lui dire pourquoi. Il est désespéré, il a dû faire une psychothérapie. Et pourtant, en famille, nous ne lui reprochons pas ses échecs, son chômage. Ceux qui n'ont pas le soutien de leur famille peuvent être entraînés au suicide, à l'alcool, à la drogue.» «Ma fille de 26 ans a fait une licence en droit d'assurances, une année d'histoire de l'art. Pendant les vacances, elle a travaillé à l'IMA. Elle cherche du travail.» «Mon fils a eu un entretien pour un travail dans la publicité : joie et projet. Lundi, coup de téléphone pour dire que ça ne va pas. Comment dormir après cela ? » «Les neuf mois de chômage de mon fils m'ont "tuée".» «Mes deux enfants, 27 et 30 ans, sont au chômage depuis un mois.» «Mon petit-fils ne sait pas si son contrat sera renouvelé.»

Les obstacles et les pièges à éviter sont nombreux. Certains candidats à l'emploi ont trop de diplômes. «Ma belle-fille travaillait comme aide-comptable, mais quand elle a eu ses diplômes, on ne pouvait pas la payer plus et elle a été mise dehors.»

D'autres n'en ont pas assez. «J'ai un fils marié, sans travail depuis deux ans, il a dix ans d'expérience en robotique mais pas de diplôme.»

Parfois, la personnalité est remise en question. «Ma fille est sans travail, on l'a trouvée trop lente là où elle était. A l'ANPE, elle a eu un entretien au cours duquel on a cherché à cibler sa personnalité pour mieux voir où la diriger ; on lui a parlé de psychothérapie de groupe et recommandé de ne pas se décourager après une première démarche ratée, mais c'est pénible.»

La tenacité n'est pas toujours récompensée, de nombreuses lettres restent sans réponse ou presque. «Ma belle-fille a envoyé 190 lettres et n'a toujours pas trouvé de travail ;

aujourd'hui, elle est partie à Rouen pour en trouver, son mari habite et travaille à Lille.» «Mes filles cherchent du travail. L'une d'entre elles a envoyé quarante lettres pour avoir un contrat de qualification, elle n'a reçu que quatre réponses... et elles sont négatives. Nous espérons que demain sera mieux... demain n'est pas mieux qu'hier. Quand aura-t-elle un résultat positif ? Heureusement, la prière me soutient.»

Nous sommes très touchées par le chômage en tant que femmes, épouses ou mères. Cependant d'autres autour de nous sont dans la même situation. Sommes-nous vraiment attentives à ce qui se passe ? Nous avons tendance à ne considérer que ce qui touche notre propre famille. Quelques-unes regardent un peu plus loin et constatent à quel point certaines situations sont dramatiques pour les hommes. «La proportion de cadres au chômage augmente, et là aussi ils ont beaucoup de mal à retrouver du travail. Un collègue de mon mari qui était directeur de marketing a été licencié économique. Il a 50 ans. Il se sent en pleine possession de ses moyens. Il suit des stages pour mettre toutes les chances de son côté. L'âge est là ; il a l'impression que toutes les expériences qu'il a pu faire au cours de sa carrière ne servent plus à rien. En plus, en allant à un de ses stages, il a eu un accident de voiture. Il est rentré dans une voiture qui faisait un demi-tour sur la route après un tournant. C'était une famille sud-africaine qui allait reprendre l'avion après des vacances en France. La femme est morte. Il n'a rien eu. C'est la grande déprime... Heureusement, beaucoup de ses anciens collègues l'aident moralement.» «Je connais quelqu'un à qui l'on a proposé un travail à Fos sur Mer. Il a vendu sa maison pour partir là-bas. Quand il est arrivé, on licenciait.»

Les femmes se trouvent parfois dans des situations aussi dramatiques. «Pour Danielle, les 39h ça n'existait pas, elle aimait rester au bureau après les heures de travail, c'est à peine si elle osait prendre quelques jours de congé chaque année. Lui a-t-on reproché sa trop grande disponibilité ? Elle ne nous a parlé de rien, elle qui avait toujours un mot aimable pour chacun, savait qu'ici l'employeur compte plus que les collègues ; personne n'aurait osé prendre sa défense. Elle ne s'est pas trompée. Ce soir, chacun est parti de son côté. L'affaire est réglée. Pour que la solidarité existe, il faut la vouloir. Ici, c'est le chacun pour soi, les rivalités, la méfiance entre les hommes, mais aussi entre nous, les femmes. Quel prix faut-il mettre pour que change cette mentalité ? Danielle vient de passer 40 ans, elle va devoir se battre pour retrouver un travail. Combien de Danielle derrière les statistiques du chômage ? Combien de femmes se retrouvent seules pour affronter l'injustice, la malchance et peut-être, elles aussi, l'indifférence de celles qu'elles croyaient leurs amies ? »

Les femmes ne parlent pas beaucoup de ce qui se passe en dehors de leur famille. Leurs réflexions sur le chômage et la crise du travail sont assez limitées.

Certaines évoquent le problème agricole. «En agriculture, des jeunes ne peuvent plus rester et pourtant nombreux seraient ceux qui le voudraient... et ils iront grossir le nombre des chômeurs.»

Elles constatent que la mécanisation supprime des emplois. «Dans les banques tout est centralisé, le personnel qui faisait les petits travaux à la main ne peut être remplacé.» «A la poste, 75 000 heures sont supprimées au tri à cause de l'utilisation des machines... et le courrier prend du retard ! »

Et elles esquissent une réflexion sur l'immigration. «On met en cause l'immigration, mais elle a toujours existé. Cependant, quand il y avait du travail, c'était plus supportable.»

Chômage et précarité ne laissent pas les femmes indifférentes. Elles se sentent solidaires. «A la télévision, j'ai vu la souffrance des chômeurs qui n'arrivent pas à retrouver du travail. Cela me révolte de voir que certains sont surchargés de travail alors que d'autres restent "au bord de la route".»

Elles n'hésitent pas à rendre service; mais peut se poser la question "jusqu'où" ? «Etant moi-même à la recherche d'un emploi, je suis très sensibilisée aux personnes dans mon cas. Une jeune amie du Nord cherche un emploi, ne trouve rien. Elle cherche aussi sur Paris. Plus de propositions que dans le Nord mais pour le moment, n'étant pas sur place, cela pose d'autres problèmes. Nous lui avons proposé de la domicilier chez nous. Elle ne peut accepter n'importe quoi. Elle ne pourra pas rester chez nous éternellement. Se loger est difficile en raison du prix des loyers. Alors, quand on s'engage à rendre service, jusqu'où doit-on et peut-on aller ? »

Ce n'est pas toujours facile d'aborder les personnes en difficulté. «Je cherche l'occasion de rencontrer un jeune couple de mon quartier. Le mari est sans travail, la femme ne paraît pas vouloir communiquer.»

C'est bien souvent parmi les proches que la solidarité s'exerce. Enfants, petits-enfants, neveux et nièces ont besoin d'aide matérielle et morale. «Ma nièce et son mari sont au chômage. Ce couple avec deux enfants est plongé dans le dénuement, ils ont besoin d'une assistance autant matérielle qu'affective, le tout avec beaucoup de patience et de doigté.» «Mon mari et moi, retraités non imposables, nous vivons ; mais cela nous est impossible de partager. D'autant que chez nous, plusieurs de nos enfants et petits-enfants sont au chômage, il faut bien les aider.»

Il n'y a pas de remède miracle en ce qui concerne le chômage. Certaines femmes l'ont bien compris. Elles font des propositions concrètes, s'impliquent personnellement et réussissent à persuader leur entourage. «Face aux problèmes de chômage, cette année notre fils n'ira pas travailler pendant les vacances dans l'entreprise de mon mari, étant donné le nombre de licenciements.» «Même au niveau des administrations, il vaut mieux employer des chômeurs pendant les vacances.» «Une jeune fille qui travaille dans un bureau a proposé à ses collègues de réduire d'une heure leur temps de travail pour permettre à une autre de garder son emploi, le personnel devant être réduit. Les collègues ont accepté. L'une d'entre elles n'était pas tellement d'accord, mais devant l'acceptation des autres, elle a participé. De la part de cette jeune fille qui faisait cette proposition, c'était prendre des risques.»

3. Vers le partage du travail ?

Peut-on vraiment partager le travail ? Qui le souhaite ? Connaissons-nous des expériences positives de partage du travail?

Beaucoup de questions se posent, nombreux sont ceux et celles qui se penchent sur le problème. Le temps partiel est-il une solution? A certains moments de leur vie, les femmes souhaitent réduire leur temps de travail, mais il s'avère que ce n'est pas toujours réalisable. Il semblerait que dans ce domaine il existe maintes contradictions.

Partager le travail n'est pas facile, beaucoup de femmes en ont fait l'expérience. Le travail à temps partiel n'est pas gratifiant, il est souvent difficile à mettre en place et il arrive que les heures dégagées soient converties en heures supplémentaires pour d'autres. «J'ai parfois travaillé moins d'un mi-temps... cela donnait des heures supplémentaires à d'autres qui n'en avaient pas besoin. Cela ne créait pas de poste ! Travailler moins d'un mi-temps entraîne un manque de cotisations pour la retraite. Maintenant, je travaille toujours à temps partiel (3/4 de temps environ) mais avec des classes à problèmes... Je donne plus de temps pour un salaire inférieur.» «Plusieurs d'entre nous ont des expériences concernant un abandon d'emploi dans l'objectif de fournir un demi-poste à un chômeur. Force leur a été de constater que ceci n'avait rien changé. L'entreprise n'avait pas remplacé les heures laissées libres ou les avait attribuées à d'autres en heures supplémentaires.»

Etre débordé, avoir trop de travail, c'est l'un des paradoxes d'une société où le chômage est très élevé. Serons-nous assez inventives pour trouver des solutions ? «J'ai une amie qui est débordée dans son travail, mais ses responsabilités font qu'elle ne peut pas les partager. Il y a des postes qu'on ne peut pas couper en deux.»

Et lorsque ces solutions existent, comment les mettre en œuvre ? «Nous n'avons pas d'aides-soignantes pour les toilettes des personnes âgées restées à leur domicile, ce sont les infirmières qui se chargent en partie de ce travail, dans la mesure de leur temps disponible. C'est du gaspillage pour la Sécurité sociale et il y a possibilité d'emploi pour des personnes moins qualifiées.»

Il n'y a pas de réelle volonté politique pour valoriser le travail à temps partiel. Pour certaines, il n'est pas facile de travailler moins lorsque les deux salaires permettent tout juste de vivre... «On parle de partage de travail, ce n'est pas facile. Il faudrait que cela parte du haut. Comment diminuer les heures de travail quand cela suffit juste à vivre ?» «J'ai cherché du travail à l'ANPE et j'ai trouvé une annonce pour faire des ménages et de la cuisine. Il fallait travailler 20h par semaine à 30 F de l'heure. Ce n'était pas le Pérou mais pour avoir cette place, il fallait être inscrite depuis un an à l'ANPE et ne pas avoir d'autre emploi. Cela montre dans quelle détresse doivent se trouver certains. C'est bien que cela puisse être donné à des gens qui en ont vraiment besoin.»

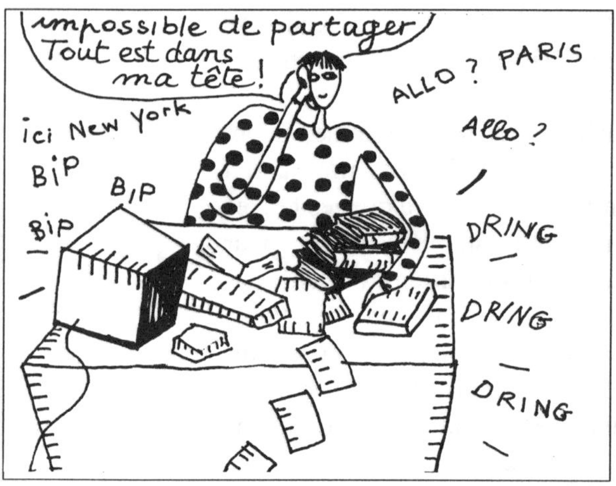

Où en est la législation ? Quelle est la position des syndicats dans ce domaine ? Les femmes s'interrogent. «Est-ce que la législation favorise le temps partiel ? » «Que disent les syndicats ? On les entend peu. J'ai lu dans le journal : la CGC estime que le partage du travail établi comme politique de l'emploi n'est pas la solution pour résorber le chômage.»

Des femmes revendiquent haut et fort le droit de travailler moins, mais peu d'entreprises sont prêtes à accepter des emplois à temps partiel. «Le partage du travail prôné par tous les candidats ne peut être imposé, il doit venir de la conscience de chacun, et il faut aider les employeurs à l'organiser. Beaucoup de jeunes mamans aimeraient reprendre leur travail à temps partiel pour avoir du temps pour leurs enfants. Ma belle-fille le souhaiterait (trois enfants en bas âge) ; pour l'instant, la banque où elle travaillait ne lui donne pas cette possibilité.» «Il faudrait revoir les structures des entreprises qui, pour l'instant, ne sont pas faites pour cela.»

Pour certaines femmes, le travail n'est pas une idôle à laquelle tout doit être sacrifié. Si la diminution de leurs horaires est acceptée, elles savent que leur salaire sera réduit. «Suis-je capable de partager mon travail ? Oui, si je garde un salaire suffisant pour vivre, mais j'accepterais qu'il soit diminué pour donner du travail à d'autres.» «Je suis prête à partager mon temps de travail et mon salaire.» «Dans une famille, le mari pourrait travailler une partie du temps, la femme une autre partie.» «J'ai donné la place que l'on me proposait et que je convoitais à une autre personne qui en avait plus besoin que moi.»

Partager le travail, c'est aussi une décision individuelle prise en accord avec l'entreprise ou au sein du couple. «En accord avec le patron, j'ai été licenciée, départ en pré-retraite, pour laisser la place à un jeune. Nous étions plusieurs dans ce cas. La direction a ainsi renouvelé tout le personnel.» «Je suis contente de rester chez moi, mais c'est très dur de surveiller les enfants 24h sur 24. Au début, j'ai eu l'impression d'être coupée du monde. Face au chômage, c'est ma façon de prendre part.»

Le travail du dimanche améliorerait-il partiellement la situation des femmes chômeuses ? Sur ce sujet, les avis sont partagés. Là encore, les raisons économiques l'emportent parfois. «Mon mari est d'accord, cela permet d'arrondir les fins de mois.» «Les jeunes font un choix si c'est bien payé ou si le couple est d'accord.»

Dans des professions comme celles de la santé, de la restauration, des transports, c'est une obligation, il y a dans ce cas une notion de service rendu. «Certaines travaillent le dimanche, ayant accepté cette situation au départ : infirmières, police... A l'heure actuelle, d'autres sont mises devant le fait accompli : "On ouvre, c'est tout, soyez présentes".»

Cependant, l'aspect contraignant du travail du dimanche est à prendre en compte. Faut-il privilégier le gain ou l'équilibre familial ? «Une inquiétude existe au sujet de l'ouverture des magasins le dimanche. Beaucoup de pessimisme quant à la réalisation de ce projet, il n'est pas rentable, empêche la vie de famille. Du personnel est embauché à condition de travailler les jours fériés.» «On oublie l'aspect social du travail, on détruit ainsi un équilibre et une vie par le travail du dimanche.»

La polémique est particulièrement vive en ce qui concerne l'ouverture des magasins le dimanche. Un syndicat alerte l'opinion, sans faire l'unanimité. «Une grande surface a ouvert trois dimanches. La CFDT avait distribué des tracts pour empêcher le travail du dimanche pour que la famille puisse se retrouver. Tous les gens étaient contents d'aller se promener le dimanche dans les magasins, ça sert de sortie.»

Si les avis sont effectivement très partagés dans ce débat, certaines femmes expriment avec force leur totale opposition. Crainte de l'arbitraire de la part des entreprises et du changement que cela implique dans les structures sociales. «Il y a beaucoup d'employées qui ne sont pas d'accord, mais c'est ça ou la porte.» «Je suis contre, je trouve que chacun a le droit au repos du dimanche. Le dimanche, c'est précieux, un ouvrier est usé à 55 ans. Dans la Genèse, il nous est dit "Dieu se reposa le 7ème jour". L'Eglise tient compte du rythme de travail comme de la possibilité d'aller à l'église.» «En 1977 on a défilé à Paris contre le travail du dimanche. On dit que ce seront des volontaires qui travailleront. Mais il y aura des conséquences graves : plus de temps de repos dans la vie des gens. On arrive à un changement profond de la société.»

Et en guise de conclusion : «L'important, c'est le service de l'être humain. Se dire : quel est le mieux pour les personnes à propos de l'ouverture des magasins du dimanche ?»

Peut-on identifier les causes du chômage ?

En 1994, la France a dépassé les trois millions deux cent mille chômeurs. Pendant l'année 1992, on a recensé 560 000 licenciements. La productivité s'est accrue de 2%.
"La France produit aujourd'hui, avec vingt deux millions de personnes actives occupées, un volume de richesses deux fois plus élevé qu'en 1960. Un retour à un taux de croissance de 3% (rythme moyen des vingt dernières années) ne suffirait pas à diminuer le chômage, tout juste à le stabiliser à son niveau actuel" ("Face au chômage, changer le travail", Commission sociale de l'Episcopat français, 1993, p. 136).

L'identification de ces causes est complexe. Il est possible néanmoins d'en déceler certaines, même si nous demeurons bien ignorants de certains mécanismes économiques. Contrairement à l'espoir secret de certaines, de certains, le chômage n'est plus seulement la conséquence d'une faiblesse passagère de la conjoncture économique. Il serait vain de croire que, du jour au lendemain, l'économie relancée, l'emploi redeviendrait florissant. Le chômage actuel est "lié au développement économique, conséquence même du processus complexe qui relie la production des biens et des services et la distribution des droits à leur consommation par le biais de l'emploi" ("Les Etudes", janvier 1993, p. 35). Bien des économistes pensent que le chômage, raréfaction de l'emploi, est la conséquence directe du progrès technique et économique.
Tout est aggravé par la mondialisation de l'économie dans un univers non régulé : le système monétaire international n'existe plus depuis dix ans ; les taux de change fluctuent au gré des spéculations ; les entrepreneurs ne peuvent plus faire

de prévisions à long terme, les capitaux recherchent la rentabilité la plus courte" ("Face au chômage, changer le travail", p. 138).

Quant aux causes du chômage, la liste suivante risque d'être partielle :

. L'inadaptation entre offre et demande d'emplois, ce qui pose le difficile problème de la formation initiale ou du recylage.

. L'automation, particulièrement dans les emplois industriels. L'évolution des techniques réduit la part de la main d'œuvre dans la production des biens et des services. On produit aujourd'hui plus qu'hier avec moins de personnes et avec plus de machines (robot...) qui ne demandent plus autant de manutentionnaires. Ainsi avec les distributeurs automatiques, les emplois de services disparaissent (guichetiers, pompistes...).

. Dans le secteur tertiaire des emplois de bureau, le surgissement de l'informatique. La croissance des emplois n'a plus suivi la croissance des investissements en matériel et la rentabilité.

. L'emploi est économiquement alourdi par toutes les charges sociales. Ce facteur, source d'avantages sociaux, joue dans les difficultés d'offres d'emploi en temps de crise.

. Dans le tiers-monde et surtout dans les pays de l'Est, le chômage est le fruit d'un mauvais fonctionnement de l'économie, particulièrement d'un sous-investissement.

. La concurrence internationale avec un marché mondial ouvert. Par exemple, lorsqu'une entreprise multinationale décide de fermer une usine de production en France pour ramener dans un autre pays l'unité de production.

. La délocalisation des postes de travail, comme la mécanique et les services, vers de nouveaux pays industriels à bas niveau de vie et à de nouvelles zones comme l'Europe de l'Est et la Chine. La concurrence du coût de la main d'œuvre est un des facteurs déterminants. La délocalisation des services vers les pays du tiers-monde se fait dans le télé-travail de saisie, les traitements de textes...

. La France produit du chômage simplement parce qu'elle ne

produit pas d'emplois. Il faudrait développer des activités plus créatrices des emplois de proximité : santé, loisirs, restauration, entretien, sécurité...

Au cœur de ces causes de chômage, les problèmes deviennent aigus, difficiles à résoudre. En formation, il y a un afflux quantitatif et des demandes qualitatives de plus en plus pointues. L'efficacité de la formation n'est pas toujours probante. Par ailleurs, l'emploi est de moins en moins interchangeable. On demande de plus en plus aux personnes des qualités de relation et d'implication dans leur profession. Celles-ci ne se mesurent pas facilement, d'où une embauche plus délicate.

Ce tableau des causes du chômage serait sans doute à nuancer. Les experts, en France et dans le monde, ne partagent pas tous la même analyse.

■ Le groupe de travail ACGF
"Femmes dans le monde du travail"

Et si les femmes retournaient à la maison ?

Certains n'hésitent pas à affirmer que ce serait un moyen de résoudre le problème du chômage. Effectivement, nous avons vu qu'en vingt ans le taux moyen d'activité des femmes a augmenté de 30%. Nous serions donc objectivement une cause de chômage... N'est-ce pas une affirmation un peu simpliste. L'augmentation du travail salarié est massive : 12 millions en 1955, 18 millions en 1987. Si nous en croyons de très sérieux experts, nous ne sommes pas les seules responsables de cet encombrement du marché de l'emploi, il y a aussi l'exode rural. Nous avons vu précédemment combien les causes du chômage étaient complexes et leurs analyses délicates.
Mais nous voulons rappeler que les femmes comme les hommes ont le droit de vouloir travailler professionnellement, que lorsqu'elles ont fait de longues études et obtenu des diplômes leur désir de les valoriser est complètement justifié. Il est injuste, et c'est trop souvent le cas, qu'une femme soit pénalisée parce qu'elle s'est arrêtée de travailler quelques années pour élever ses enfants. Et ce n'est certainement pas l'attribution de l'allocation parentale d'éducation dès le deuxième enfant qui résoudra ce grave problème.
C'est particulièrement vrai dans le secteur privé. Lorsque, nous femmes, nous reprenons notre travail, nous avons bien du mal à rattraper "le temps perdu". Et pourtant, nombreuses sont les femmes qui désirent s'arrêter un temps pour élever leurs enfants, mais rares sont celles qui en ont réellement la possibilité. N'oublions pas toutes celles qui n'ont pas le choix, ne serait-ce que les 950 000 femmes seules qui élèvent un ou plusieurs enfants, elles ne peuvent que rêver d'être mère au foyer !

Nous avons relevé dans "La Croix" (avril 1994) le propos d'une femme écrivain, Michèle Cavalléri. Elle souligne tout d'abord

ceci : les femmes qui travaillent à l'extérieur consomment : crèches, nourrices, aides-ménagères, cantines, distributeurs de repas rapides, etc. Les femmes qui ont un travail professionnel sont de très bonnes clientes pour se doter d'un équipement ménager performant ; en effet, les statistiques montrent que le mari, le père, fut-il le meilleur et le plus efficace, réussit assez rarement à partager la totalité des tâches de la maison.
Michèle Cavalléri énumère également les multiples raisons qu'ont les femmes de travailler professionnellement : la peur de se retrouver seule chargée d'enfants, la crainte après un arrêt de travail prolongé, que leurs diplômes soient dévalorisés et leurs compétences dépassées, la menace pour les couples que l'un des deux soit licencié, le poids des loyers scandaleux dans les grandes villes...
Cependant, Michèle Cavalléri se défend de faire un plaidoyer pour le travail des femmes, elle écrit : «L'idéal serait que toute femme ait la possibilité d'élever ses enfants jusqu'à l'âge de 2 ou 3 ans. Comment laisser sans regret ce presque nouveau-né, encore si peu connu, à d'autres, même très attentifs ? Et soyons-en sûrs, le point de vue du bébé est le même...»

■ Le groupe de travail ACGF
"Femmes dans le monde du travail"

Le travail à temps partiel... ce que les femmes ont à dire...

Dans le cadre d'une réflexion sur le travail à temps partiel, il est indispensable en tout premier lieu que soit réaffirmé le droit au travail pour tous et toutes.
En France : 950 000 femmes seules élèvent un ou plusieurs enfants.
Au-delà de 25 ans, plus de 10% de femmes vivent seules. Lorsque le chômage frappe le mari, le salaire de l'épouse est plus que nécessaire.
Lorsque père et mère de famille vivent avec le Smic, leurs deux salaires sont indispensables à temps plein pour vivre et, par exemple, pour accéder à la propriété.
Réfléchir sur une autre répartition du travail nécessite d'interroger celles qui pratiquent déjà cette forme d'activité professionnelle. Leurs motivations, leurs aspirations, ne sont-elles par des indications pour l'avenir ? Pourquoi ne pas les prendre en compte ?

1. Quelques statistiques

23% des femmes actives travaillent à temps partiel contre 3,3% des hommes seulement. 83% des emplois à temps partiel sont occupés par des femmes. La pratique du temps partiel croît avec l'âge à partir de 25 ans. Elle croît aussi avec les charges familiales : en mars 1989, 42% des mères de trois enfants et plus ayant un emploi l'occupent à temps partiel. Elles étaient 34% en 1982 ("Les femmes", Insee 1991).

2. Les pratiques

En écoutant parler les femmes qui le pratiquent, on peut constater que certaines l'ont choisi :
«J'ai demandé un temps partiel pour "partager" le travail, cela

ne changera guère mes "états" de service pour obtenir mon droit à la retraite. Cela me donnera un peu de liberté hebdomadaire.» «J'ai choisi le temps partiel pour être avec mes enfants le mercredi.» «Je suis femme de ménage 24h par semaine dans cinq maisons. J'ai donc cinq employeurs mais le travail me plaît.»

D'autres le subissent. «Je travaille à mi-temps, mon rendement est nettement supérieur, j'ai beaucoup d'énergie pendant mon mi-temps. Je ne suivrais pas cette cadence si je travaillais à temps plein. Malgré tout je me sens en dehors de tout, j'ai l'impression de "louper" quelque chose.» «Après dix-sept ans dans la même maison, on me propose une réduction horaire (18h) ou le licenciement.»

Des hommes conscients d'être partenaires dans la réflexion et dans les faits font aussi cette expérience. «Philippe et Monique sont mariés et ils ont une fille de 3 ans... lorsqu'arrivent les jumeaux. Pour eux, la vie de famille est importante, ils décident donc que l'un des deux demandera un temps partiel. Pour Monique, infirmière, employée par la ville de Belfort, c'est impossible. Pour Philippe, travaillant chez Bull au service informatique, c'est possible, car déjà le temps partiel est en place dans l'entreprise pour les femmes. Il a rencontré l'opposition de la hiérarchie, les railleries de ses collègues hommes et une certaine indifférence des syndicats. Il a quand même obtenu son temps partiel. Et douze ans après, ni lui ni sa femme ne regrettent ce choix pourtant difficile pour lui.»

3. Répartition des rôles

Cet exemple de décisions prises en compte montre qu'on peut aller dans le sens d'une meilleure répartition des rôles dans la famille.

Aujourd'hui, les femmes contestent la répartition des rôles hommes-femmes héritées du 19ème siècle : l'espace privé pour les femmes, l'espace public pour les hommes. Elles ont cassé cette répartition en prenant des responsabilités au travail et dans la famille : «Née en 1927, mariée et mère de trois enfants, j'ai toujours travaillé. Comme ma mère, née à la fin du 19ème siècle, j'ai passé des concours administratifs pour me faire une situation stable. Nous étions plutôt d'avant-garde car très peu de femmes mariées travaillaient à l'époque, d'autant que la situation de nos maris respectifs pouvait suffire aux besoins du ménage.»

De la même manière, elles souhaitent que dans la famille leurs maris ou compagnons exercent leur responsabilité de père, qu'eux aussi investissent l'espace privé : «Du fait que j'ai commencé à travailler, le père s'est beaucoup plus occupé du dernier que des autres.»

4. Convictions

Dans tous les domaines : familial, professionnel, civique, politique et ecclésial, la façon de voir et d'être des femmes est indispensable, comme celle des hommes. C'est dans une société basée sur ce fondamental partenariat qu'il faut inscrire une réflexion sur "une autre répartition du travail". Une réflexion qui nécessite à la fois un examen sans concession de nos pratiques personnelles et collectives ; mais aussi une législation qui accompagne une transformation des mentalités.

■ Anne-Marie Terreau

▪ troisième partie ▪

LE MONDE DES INFIRMIÈRES ET DES AIDES-SOIGNANTES

Pourquoi parler du monde des infirmières dans la troisième partie de ce livre ? Pourquoi les privilégier ?

C'est un monde féminin qui a tenu la vedette de l'actualité dans les années 1988-1991 (grèves, défilés). Les infirmières ont longtemps "campé" devant le Ministère de la santé. "L'hôpital n'a pas le moral...Le malaise persiste chez les infirmières... rien n'est réglé !"

Ce genre de remarques désabusées fournit les titres de quotidiens, d'articles de revues. Une étude parue en mars 1994 (revue "les Etudes") lance ce cri d'alerte : "Les infirmières, un diagnostic d'épuisement professionnel."

Dans la troisième partie de ce livre, ces femmes vont s'exprimer. Certaines vont le faire douloureusement. Des situations de vie quotidienne évoquées vont laisser entrevoir tout le dynamisme professionnel, le dynamisme de relations importantes dans ces professions sanitaires. Les femmes qui liront cette brochure se reconnaîtront sans doute solidaires de ce monde des femmes: les infirmières.

1. Des chiffres

La profession des infirmières est l'une des rares professions qui ne soit pas touchée par le chômage. Il y a même pénurie dans les hôpitaux : ceux-ci font appel à des intérimaires ou à des vacataires, principalement de nuit.

Néanmoins, le marché est déréglé. Le nombre des infirmières diplômées dépasse celui des besoins : dans un marché en crise, les infirmières en place restent plus longtemps à l'hôpital, cherchent même à y revenir.

D'après une étude statistique du Ministère de la santé et de la protection sociale (annuaire des statistiques sanitaires et sociales, 1988), la France compte 300 000 infirmières. Sur ce nombre, on distingue deux grandes catégories : les diplômées d'état (240 000) et les diplômées en psychiatrie (60 000). La majorité des infirmières diplômées d'état est salariée. La profession est féminine à 90%.

Il est temps maintenant de laisser directement la parole aux intéressées elles-mêmes, infirmières et aides-soignantes, membres de l'ACGF, qui ont partagé leurs expériences, leurs aspirations, leurs réflexions. Leurs paroles illustrent les réalités décrites ci-dessus, soulignent le caractère d'un certain malaise, font apparaître des lueurs d'espoirs dues au courage et à la solidarité féminine.

2. Les métiers d'infirmière et d'aide-soignante : un choix exigeant

«Je suis très frustrée, j'aime faire du relationnel et je ne peux plus ; j'aime bien les malades.»

Tout tient en ces quelques mots, ils expriment avec simplicité ce que demandent à corps et à cris les infirmières et les aides-soignantes.

Quelles que soient les difficultés exprimées : horaires prolongés, équipes insuffisantes pour le nombre de malades, rythme de nuit qui pose des problèmes, ce qui les préoccupe c'est bien leurs relations avec les malades, leurs responsabilités envers eux. Aux yeux de ces professionnelles de la santé, le malade a du prix, il est une personne unique ; elles sont à son service.

Malades en surnombre, équipes réduites, sont cause de fatigue et d'inquiétude pour les infirmières et les aides-soignantes. Pourtant, elles ne sont pas prêtes à baisser les bras. Elles se soutiennent, s'encouragent, l'équipe c'est essentiel. «Bien que notre surveillante soit consciente de l'excès de travail que l'on a, elle n'a aucun pouvoir auprès du directeur pour obtenir du personnel supplémentaire.» «Le directeur administratif n'a le droit d'embaucher qu'en fonction du budget.» «Dans la maternité où je travaille, on manque de personnel, on ne peut pas tout faire, on n'a que deux bras.» «Le métier d'infirmière est tellement dur que certaines se font une carapace pour tenir le coup.» «Dans notre service de dermatologie, la semaine a été dure. Nous n'avons plus de lit libre.

Nous travaillons sur deux étages, il faut toujours courir.»

Dans de telles conditions de travail, comment le personnel hospitalier peut-il porter aux malades autant d'attention qu'il le voudrait ? «Mon service à l'hôpital a été récemment transformé en service d'accueil pour les personnes âgées, la charge de travail est excessivement lourde, je suis mécontente de mon travail qui ne peut pas être bien fait, faute de temps, on ne peut pas dialoguer avec les malades.» «Dans les services hospitaliers, souvent le personnel ne parle pas, il est débordé... Il faudrait qu'il ait envie d'apporter autre chose que les soins.» «Pour les mourants, le personnel est demandeur d'aide mais accepte assez difficilement les bénévoles. Peut-on fonctionner à deux vitesses : prendre du temps avec les mourants et passer vite avec les autres? Le travail se dégrade de plus en plus.»

Le travail en équipe est essentiel. Une restructuration qui ne tient pas compte des personnes peut provoquer des difficultés longues à surmonter. «A l'hôpital, une aide-soignante de mon équipe est partie. Le service a été restructuré. L'aide-soignante n'a pas été remplacée mais il y a une infirmière en plus. Nous avons eu l'impression d'être lésées : surcharge de travail. En même temps, on nous a imposé le changement de la composition des équipes de travail. Je travaillais avec la même personne depuis très longtemps : complicité, entente. Il nous a fallu plusieurs semaines pour arriver à accepter la nouvelle situation. Pour les responsables, le but était de combattre la routine afin que le personnel fasse plus attention aux malades.»

C'est au sein des équipes, lieu de solidarité, qu'infirmières et aides-soignantes trouvent des forces. Elles se soutiennent et s'encouragent. «Je suis très fatiguée par les horaires instables et jamais respectés qui sont prolongés chaque fois qu'arrive une urgence. Nous sommes surchargées par manque de personnel. La nuit, une seule infirmière pour cinquante lits. Il y a un manque de considération de la part des médecins et supérieurs.» «L'équipe est bonne, mais je suis soucieuse parce que l'équipe est fatiguée.» «Je suis aide-soignante dans un service de gastrologie. Au niveau des lits, on ne gère plus le nombre des malades. Pour un service de vingt-trois lits, nous avons parfois trente malades, c'est affreux. Il faut parfois refaire les lits quatre fois dans la même matinée. Le médecin-chef commence à comprendre le problème. Si je tiens le coup, c'est parce que j'aime mon travail ; il y a une bonne vie d'équipe, mais jusqu'où tiendrais-je le coup ? Je suis très frustrée, j'aime faire du relationnel et je ne le peux plus ; j'aime bien les malades. Je deviens philosophe, s'il y a des choses que je ne peux plus maîtriser, alors je fais ce que je peux. Dans l'équipe, il existe une réelle solidarité, plus c'est dur, plus on se serre les coudes.»

Les infirmières sont discrètes et n'emploient pas de grands mots. Nous pouvons cependant parler à leur place "d'amour du métier". «Infirmière, je souffre de n'avoir pas assez de temps pour parler aux malades. J'aime mon métier d'infirmière auprès des petits enfants, je les aime.» «Quand je rentre dans une chambre, je salue le malade, je lui serre la main. Je dis qui je suis, ce que je fais, pendant combien de temps je vais être là. Rester avec le malade vingt minutes, s'asseoir au bord du lit, parler... Là, j'ai l'impression que j'ai gagné ma journée. Cela veut dire qu'en quittant l'hôpital je n'aurai pas ce sentiment d'avoir laissé quelque chose d'inachevé. Aller au-delà des actes techniques par le contact, la parole. C'est cela soigner différemment.»

La nuit, c'est encore plus compliqué. Il faut prendre le rythme très particulier du travail de nuit, assumer les urgences avec des équipes réduites, savoir apprécier les risques avant d'appeler le médecin ou l'interne de garde qui dort... «Le travail de nuit est particulièrement difficile : stress, nombreux lits à surveiller, responsabilité ; il faut savoir apprécier le risque avant d'appeler le médecin de garde qui n'est pas sur place. Deux infirmières seules pendant dix heures et problème d'incompatibilité de caractère ! Le service des urgences est très pénible : blessés graves, tentatives de suicide...»

Aux urgences de nuit, c'est encore plus délicat, malades agités, familles affolées. «Je suis infirmière aux urgences de nuit depuis six ans. Nous sommes deux infirmières pour le côté médecine, chirurgie, consultations externes, réanimation médicale et chirurgicale. Le travail est très varié. Dans la clientèle de nuit, nous avons beaucoup d'alcooliques, de tentatives de suicide ; il faut rassurer le malade, mais aussi la famille, la tenir au courant, surtout quand il s'agit d'un problème de réanimation. La nuit, la relation avec les autres services est téléphonique. Nous recevons beaucoup de gens agités, souvent accompagnés par la police ou les pompiers.»

Les infirmières sont également sensibles à la question suivante : «Pourquoi depuis toujours ce sont surtout des femmes qui font ce métier ? »

Ce à quoi elles répondent tout aussi discrètement : «Les femmes sont plus fortes que les hommes.» Ce qui permet à certaines d'affirmer à propos du travail de nuit : «Le travail de nuit ne me pose pas de problème, je me suis trouvée un rythme. Dans mes temps libres, j'essaie aussi de faire autre chose, c'est une façon de tenir le coup. Au niveau de l'équipe réduite, nous nous entendons bien. Quand nous avons à faire face à des problèmes psychologiques, nous en parlons facilement entre nous, surtout quand nous avons tendance à nous culpabiliser.»

3. Des relations fortes mais à hauts risques

Pour les infirmières et les aides-soignantes, les relations se développent dans trois directions. Ces femmes font partie d'une équipe qui se compose de médecins, hommes et femmes, d'infirmières, d'aides-soignantes et d'agents hospitaliers. Tous et toutes sont au service des malades ; la bonne entente au sein de l'équipe permet de travailler dans de meilleures conditions. Des relations avec les collègues et la hiérarchie va dépendre en partie le bien-être et le confort des personnes hospitalisées. Et là intervient la relation particulière que les infirmières et les aides-soignantes vont entretenir avec les malades. Elles expriment fortement combien elles tiennent à consacrer tout le temps nécessaire à l'écoute. Elles se plaignent lorsqu'elles ne peuvent pas être aussi disponibles qu'elles le voudraient, et cela pour de sombres raisons d'ordre administratif. Et enfin, elles sont confrontées aux familles. C'est peut-être là qu'elles éprouvent le plus de difficultés à établir une relation de confiance. Mais elles sont conscientes de la détresse de ces familles anxieuses pour leurs proches.

La bonne entente au sein des équipes soignantes est essentielle dans un métier où les relations revêtent une grande importance. Il faut donc savoir gérer les conflits, c'est la responsabilité des surveillantes et ce n'est pas toujours facile. «Je suis responsable d'un secteur hospitalier qui compte quatre disciplines. J'ai dix-huit personnes sous ma responsabilité et qui travaillent avec moi. Je passe mon temps à régler des conflits au sein du personnel. Il faut aider à dédramatiser et permettre que toutes puissent continuer à travailler ensemble. Il y a aussi des conflits avec les patients qu'il faut régler en essayant de calmer les esprits. Il y a aussi les problèmes avec les médecins.» «Je suis dans un milieu de femmes de couleur où les susceptibilités sont vives. Il faut enrober les choses, lutter pour qu'elles parlent français et non créole.» «Dans le service, il y a eu de gros problèmes d'équipe qui aujourd'hui semblent s'arranger, ça redémarre sur de meilleures bases. A un moment j'ai beaucoup souffert, j'ai demandé un changement de service. Il existe en ce moment une remise en confiance et je me sens mieux ; il faut toujours faire la part des choses.»

Parfois, l'opposition est très forte et tue le dialogue. «Actuellement, au travail, je suis en opposition avec ma surveillante-chef, difficulté due à sa personnalité : "mon service", "mes infirmières" (mais je ne lui appartiens pas !). Les différences pourraient arriver à une construction, ce n'est pas ça. Je ne suis pas insolente, je suis polie, mais ça ne passe pas. Les liens sont fragiles et il est difficile de travailler ainsi. Elle fait tout elle-même et sans aucune concertation, elle impose des changements d'horaire ou fait de nouvelles fiches de travail. Il faut exécuter : pour moi, c'est chez elle un abus de pouvoir. Je ne fais pas d'effort pour essayer de la comprendre. Un compromis pourrait pourtant parfois changer les choses. Je pense que je devrais faire un effort mais je ne me sens pas prête. La communication pourrait s'établir si le projet était commun. Le travail est motivant mais j'ai des réactions négatives... Elle fait des efforts mais je ne suis pas prête à réagir. Il faut que j'arrête de polariser là-dessus. Elle n'est pas ouverte au dialogue.»

Accueillir, écouter, donner du temps sont les mots qui reviennent le plus souvent dans ces paroles de femmes, infirmières ou aides-soignantes, qui se consacrent pleinement à leur métier. Mais est-ce un métier ou une vocation ?

Elles vont jusqu'à dire : «Un malade a besoin d'être materné.» «Infirmière, j'essaie de sourire, de donner un peu de temps à chacun.»

Elles citent des passages de la Bible :

«J'étais malade et vous m'avez visité». «Ce que vous ferez au plus petit des miens, c'est à moi que vous le ferez». (Mat 25,36-40)

Ce qui les amène à dire : «J'attache beaucoup d'importance à la manière de travailler et d'accueillir les personnes avec qui je travaille.» «J'ai surtout une valeur d'accueil à conserver.» «Nous avons des soins longs, donc nous pouvons entrer en relation avec les patients.»

Ne faut-il pas garder le sourire et préserver les bonnes relations avec les malades malgré le surcroît de travail ? «Je travaille toujours à la chaîne au centre de santé, mais j'essaie de garder une relation avec les malades, je n'ai pas beaucoup de mal à être souriante. Ce qui fait tenir : l'équipe est très soudée et toutes les infirmières considèrent les personnes en tant que personnes. Il règne une tension permanente : il faut être à la fois accueillante, efficace, il faut expliquer et faire vite, nous passons vingt personnes à l'heure.» «Je ne perds pas de vue l'aspect humain du travail malgré le surcroît de travail.» «Je connais une infirmière pour personnes âgées, elle a vraiment une conscience professionnelle. Pendant ses repos à la maison, elle se demande comment elle va retrouver ses malades.»

Avec les jeunes élèves infirmières et aides-soignantes en formation, les relations semblent plus faciles, aussi bien à l'école que durant les stages. «J'ai fait beaucoup d'enseignement en école d'infirmières et trouve les relations plus simples avec les élèves qu'avec le personnel. Les rapports ne sont pas du tout les mêmes. C'est très difficile avec le personnel, il faut stimuler, gérer, arbitrer, donner beaucoup de soi.» «Je suis en contact avec des jeunes élèves infirmières et aides-soignantes. Je les accueille en me présentant, j'essaie de les mettre à l'aise, je leur explique le déroulement du travail et je leur dis que je suis disponible dès qu'elles ont un problème à résoudre. Avec certaines, il y a plus d'affinités, plus de confidences. Je les écoute et les conseille selon ma façon de voir les choses.»

Savoir écouter les collègues aussi bien que les malades, mais là encore le manque de temps est contraignant. «Je fais beaucoup d'écoute, je m'intéresse à la personne de manière globale. Quand ce n'est pas rose, je prends plus de recul. Je deviens optimiste et j'ai plus de patience avec mes collègues.» «Je me sens mal à l'aise par rapport aux malades de ne pas pouvoir les écouter. Si je m'attarde près de l'un, c'est la suite du travail qui en pâtit.» «Je me suis remise en cause. Je passe plus de temps auprès de celui qui arrive. J'ai communiqué cela à mes collègues de travail.»

Elles n'hésitent pas à se former à l'écoute pour aider les malades atteints du sida et leur famille. «Je fais partie de l'association "Aide-Bretagne" et pour cette association je suis une formation pour faire de l'écoute afin de pouvoir aider les malades atteints du sida et leur famille. Dans le sida il y a plusieurs phases, il peut parfois y avoir une phase de démence qui est terrible. Souvent les malades sont rejetés par leur famille et leur entourage. Les personnes qui sont séro-positives le disent ouvertement quand elles viennent au local de l'association. Pour les personnes contaminées par des transfusions sanguines, c'est le parcours du combattant pour établir le dossier qui permettra l'indemnisation. A l'hôpital, dans le service qui traite ces malades, le personnel soignant est très bien, mais le médecin très doué sur le plan professionnel est particulièrement inhumain. Il a donné au service une ligne de conduite. C'est sans doute une manière de protection psychologique dans un service pas facile.»

Une attention toute particulière est portée aux débiles profonds. «Je suis infirmière dans un institut médico-pédagogique et je fais surtout du relationnel auprès des débiles profonds.

J'essaie de redonner de la dignité aux jeunes qui sont au plus bas de l'échelle sociale. Je suis heureuse et utile, je ne fais pas vraiment un travail d'infirmière, c'est plutôt du social. J'ai malgré tout le stress de l'urgence. Ce qui me fait également tenir : je crois que St Matthieu dans son évangile a dit :"Occupez-vous des malades".»

Les infirmières et les aides-soignantes doivent aussi assumer les relations avec les familles. C'est délicat pour le personnel soignant. Il faut savoir concilier la nécessaire discrétion et l'attente des familles. «Les familles sont exigeantes quand elles viennent rendre visite à leur malade à l'hôpital.» «Mon petit-fils de 9 ans, opéré dans une clinique, était peu entouré par les infirmières malgré son jeune âge. Est-ce le manque de temps de leur part ?»

Les familles comprennent souvent mal le pourquoi et le comment des choses. «Il faudrait peut-être expliquer simplement aux familles comment on procède dans le travail.» «Si les gens sont agressifs auprès du personnel soignant, il faut penser qu'ils traduisent ainsi leur anxiété.» «Il faut un temps d'adaptation entre les deux parties, soignants et malades, pour s'apprécier, reconnaître les valeurs des uns et des autres.»

Avec les hôpitaux et maisons médicalisées pour personnes âgées, ce n'est plus le milieu strictement hospitalier. Certaines difficultés sont communes, comme le manque de personnel, d'où surcharge de travail et impossibilité de consacrer tout le temps nécessaire à ces vieillards qui en ont tellement besoin. «Je suis infirmière dans une maison de retraite avec des personnes très dépendantes physiquement et psychiquement. C'est toujours la course, c'est déprimant, ce n'est pas satisfaisant. Ce qui me fait tenir : j'aime bien les grand'mères et les grand'pères. Je suis un peu désespérée de voir que les médecins et les surveillantes ne se rendent pas compte de la charge de notre travail.» «Dans mon travail, avec les pensionnaires de la maison de retraite, j'entends tous les jours la même chose, mais je les supporte bien. Au contraire, je les aime beaucoup, je connais leur vie, je les regarde comme des grand'mères.»

Avec les aînés, il faut encore plus d'écoute, plus de patience, plus de disponibilité. L'attention à leurs problèmes spécifiques est indispensable. «Dans mon travail, je sers les personnes âgées et j'ai remarqué que certaines avaient de la peine à couper leur viande ou éplucher leur pamplemousse. Il m'arrive d'aider l'une ou l'autre, mais ma collègue me rappelle à l'ordre : "Tu es trop bonne, on n'a pas le temps." Il est vrai que certaines personnes se plaignent toujours alors que d'autres auraient réellement besoin d'être aidées.» «Au travail, j'essaie au maximum, au-delà de ma fatigue, d'avoir un regard de tendresse pour les personnes âgées.»

«Il y a des liens qui se tissent, on a de petites attentions, jusque dans les problèmes d'hygiène à affronter». «Plus j'avance dans mon travail, moins je suis blasée ; je comprends mieux les comportements des personnes âgées. Nous sommes aidées par un psychiatre qui vient de temps en temps». «Mes difficultés viennent plus de l'attitude des aides-soignantes, elles ne comprennent pas toujours le refus d'obtempérer des personnes âgées. L'avantage avec les personnes âgées, quand elles deviennent insupportables, je peux leur dire : "ça suffit".» «J'ai à cœur de vouloir pour les personnes âgées une condition de vie la plus confortable possible dans ma manière d'être près d'elles, ma manière de prodiguer des soins en étant attentive à leur attente et leurs besoins, en apportant un peu de joie et de chaleur.»

Le groupe de conversation permet de faire revivre le passé des personnes âgées. «J'anime depuis deux ans le groupe de conversation du service de personnes âgées : douze personnes pendant une heure, une fois par semaine. Ces personnes diminuées psychiquement vont vivre leurs souvenirs pendant cette heure. Avec cela, aujourd'hui, j'ai une approche totalement différente de la personne âgée, j'ai la chance de pouvoir m'arrêter près d'elles. Je suis très motivée par le groupe de conversation, mais il est vrai qu'avoir un peu plus de temps serait mieux.»

C'est le souci de respecter les personnes âgées qui motive des soignantes. «J'essaie de lutter pour le respect des personnes dans leur dignité, même si elles sont dépendantes physiquement et déficientes mentalement. C'est une manière de faire reculer l'exclusion et la marginalisation dont les personnes âgées sont souvent victimes. J'ai foi en des valeurs évangéliques, ce qui me permet de réagir et d'aller plus loin.»

Le personnel sait créer un climat humain. «Un ami prêtre m'a dit : "J'ai visité le nouveau service fait pour accueillir des personnes âgées démentes, séniles, mais valides." J'ai été très impressionné : le côté humain est visible, je n'ai pas eu l'impression d'être dans un hôpital. Je suis allé visiter une maison de retraite. Je trouve le personnel accueillant. Je n'ai jamais rencontré de gens agressifs, énervés. Ce que vous ressentez de l'intérieur n'est pas ressenti de l'extérieur. Les équipes sont soudées.»

4. Des remises en cause salutaires

La souffrance et la mort, tel est le lot quotidien des infirmières et des aides-soignantes. Un de leurs soucis semble être de ne pas vouloir s'habituer, ne pas banaliser cette souffrance en sachant toutefois la prendre en charge. Et surtout ne pas réduire ces personnes diminuées à l'état d'objet, et pourtant le risque est grand, surtout avec les patients très âgés. «Cette semaine, je me suis fait une réflexion toute bête : est-ce qu'au bout de plusieurs années de service hospitalier nous ne devenons pas blasées ? J'ai fait une nuit isolée dans un service que je connais peu. J'ai vu les aides-soignants agir. Ils semblent traiter les malades comme du matériel. Est-ce que moi je suis comme ça maintenant ? Cela me pose question. La nuit, la réaction des soignants est peut-être différente, le rythme de nuit n'étant pas celui du jour. Il me faut préciser qu'avec ces malades, pour la plupart âgés, il y a souvent une absence de dialogue verbal, ils sont plus prédisposés que d'autres à être réduits à l'état d'objet.»

L'amour du métier et la bonne volonté ne suffisent pas. Certaines questions restent posées. «Les infirmières du service de pneumologie ne sont pas épanouies ; la pénurie de lits se gère très mal. Les malades ne trouvent pas leur compte, le personnel non plus. A tel point que quand nous sommes un peu tranquilles, nous remarquons que nous n'allons plus discuter avec les malades, nous parlons entre nous. Quoi faire ?

Je ne sais pas. Les patients sont reçus dans la salle d'attente et attendent parfois un lit toute la matinée. J'aime mon métier, c'est ce qui me fait tenir ; mais je suis gênée parce que le malade n'est pas du tout pris dans sa globalité, le relationnel n'existe pas.»

Entraide et solidarité sont indispensables, c'est important dans une équipe soignante de se soutenir et de partager les expériences. Pour certaines, la foi est une autre source pour retrouver courage afin d'affronter les difficultés et accueillir les malades quels qu'ils soient. «Nous nous entraidons en partageant nos expériences, cela nous soutient, on prie les unes pour les autres, on marche sur la route, et tout à coup on rencontre quelqu'un qui nous aide à repartir. Devant le défi reçu par toutes ces personnes abîmées par la maladie, on reconnaît l'aide du Seigneur. Il les aime. Comment ? Lorsque la société ne les rejette pas, par l'existence des travailleuses familiales. Le Seigneur donne des grâces à celles qui s'occupent de ces femmes.» «Une grand'mère de la maison de retraite est méchante avec son fils, elle boit, elle a un physique ingrat, je la prenais souvent de très haut. Avec cette réflexion amorcée, je me suis dit : change ton regard, essaie de l'accepter, de l'aimer.»

Les causes d'un malaise

Pourquoi l'hôpital n'a-t-il pas le moral ? Les infirmières se sentent incomprises, bousculées par la gestion de plus en plus technique d'un énorme système.

L'évolution de carrière est-elle possible ?

Depuis les crises des années 1990, les conditions financières de la profession ont été réellement améliorées. Mais les perspectives d'évolution de carrière sont encore difficiles. Sauf à devenir puéricultrice, anesthésiste ou infirmière de bloc opératoire, il y a peu de perspectives de transformation. La solution serait de devenir cadre-infirmier. Toutes les infirmières n'ont pas envie d'être surveillantes, poste trop administratif, à distance des malades. Comment garder le contact avec ceux-ci, avec les familles ?

La responsabilité des infirmières est-elle reconnue ?

Peu d'infirmières ont le sentiment de participer à une concertation, avec d'un côté l'administration et de l'autre le corps médical. Celui-ci est-il prêt à reconnaître le rôle propre de l'infirmière ? Pourtant, la participation de celle-ci aux soins lui donne une place primordiale qui peut lui permettre d'avoir une parole crédible, même critique. Elle pourrait avoir un rôle plus grand de dialogue avec le médecin sur les effets de la prescription, sur l'état physique et psychologique du malade.

Sont-elles exécutantes ou partenaires ?

Trop d'infirmières estiment que le dialogue, quand il existe, n'est pas assez paritaire. D'autre part, les relations avec les malades souffrent de la surcharge de travail. Il est de plus en plus rare que l'infirmière participe elle-même à la toilette des malades. Elle est toujours davantage "mangée" par la technique:

la préparation et le retour d'examens de plus en plus nombreux, les rapports d'intendance. Or, l'infirmière voudrait être partenaire à part entière : elle a quelque chose à dire de différent du médecin.

La formation est-elle bien assurée ?

Les aides-soignantes s'en plaignent moins maintenant. Elles connaissent une bonne articulation entre les stages pratiques et l'enseignement théorique, leur permettant de se situer en face du malade.

Les infirmières sont moins heureuses par rapport aux écoles d'infirmières. Leur "initiation" est surtout un apprentissage des gestes (faire des piqûres...) Elles apprennent moins à analyser ce qui se passe, ce qu'elles ont à faire et il y a un manque sur la réflexion par rapport à la souffrance, la vie et la mort. Trop d'élèves sont brusquement plongées dans l'univers de l'hôpital, paniquées par le souci de dominer la technique.

La technique sert de paravent pour bien des infirmières. Derrière, il y a l'agression de la maladie, de la souffrance, la rencontre des personnes. Savoir réagir face au malade, s'insérer à sa vraie place dans une chaîne de soins, ce n'est pas de l'ordre de la technique, du maîtrisable par avance. Là, se situe l'un des problèmes majeurs du malaise des infirmières.

L'équilibre personnel est-il menacé, malmené par les horaires et le travail d'équipe ?

Le rythme de l'hôpital est difficile. A la journée s'ajoute celle à la maison, avec les diverses activités du foyer, le manque de sommeil dû au travail de nuit. Comment trouver la liberté, la force de réflexion, de critique ? Les différents horaires de travail perturbent. Egalement le travail des week-ends (un sur deux... cinq sur huit). La vie des relations en pâtit. La lassitude a des chances de s'installer. C'est pourquoi la durée de vie professionnelle des infirmières est si brève. Le travail en équipe de tâches devrait aider à de meilleures conditions de vie professionnelle. Si l'équipe est un lieu d'amitié, en fait, rarement celle-ci devient le cadre d'une réponse commune face aux médecins.

Les infirmières vivent souvent dans une certaine solitude face à leur responsabilité propre. Elles devraient pouvoir compter sur la surveillante-chef, mais celle-ci est trop souvent débordée par des tâches administratives.

Le temps de la “relève” est-il bien assuré ?

C’est celui où se rassemblent l’équipe du matin et celle du soir pour un passage des consignes. Il est capital. Mais les infirmières peuvent-elles être suffisamment disponibles pour un véritable échange ? Problème d’écoute, absence des médecins qui pourraient entendre l’expérience des autres soignants. Ce temps de la “relève” n’est pas souvent un temps d’apprentissage au dialogue avec les malades.

---

d’après une étude de Host du Roure parue dans “Cahier pour croire aujourd’hui” n° 145.

L'image de marque des infirmières

• Sondage La Vie-CSA •

Les Français et les infirmières

Voici une liste de qualicatifs concernant les infirmières. Dites-moi quel est, selon vous, celui qui s'applique le mieux ? Et en second ?

	Cité en premier	**Cité en second**
Dévouées	39	15
Compétentes	32	28
Sérieuses	8	14
Aimables	6	17
Disponibles	12	21

Si vous essayez de vous mettre à la place d'une infirmière, d'où viennent, à votre avis, les difficultés de ce métier ? (3 réponses possibles)

Cela rapporte peu : **34**

Les horaires de travail laissent peu de place à la vie privée : **48**

C'est un métier où l'on est au contact de la maladie et de la mort : **22**

Face à la technique, les responsabilités sont de plus en plus importantes : **27**

C'est un métier où l'on est peu autonome et sous la dépendance des médecins : **18**

La charge de travail est très lourde : **58**

Ne se prononcent pas : **4**

Si vous aviez une fille en âge de choisir un métier, lui conseilleriez-vous de devenir infirmière ?

Oui	Non	Ne se prononcent pas
46	39	15

1. Les Français sont certes sensibles aux qualités humaines des infirmières : amabilité, disponibilité. Mais ils placent bien au-dessus le professionnalisme. 60% des personnes interrogées pensent que les infirmières doivent être surtout compétentes.

2. Le métier d'infirmière n'est pas un métier parmi d'autres. La compétence va de pair avec le dévouement (54% des sondés placent cette qualité en première ou deuxième position). Le public a donc une conception quasi sacerdotale du rôle des infirmières : elles doivent sacrifier leur vie, leurs intérêts propres à leurs malades.

3. C'est ce dévouement nécessaire qui fait la difficulté du métier d'infirmière : charge de travail trop lourde parce qu'on n'en a jamais fini avec ses patients, vie privée rétrécie comme une peau de chagrin. On sera sans doute étonné de lire que seulement 22% des Français trouvent difficile le contact quotidien avec la maladie et la mort.

4. Etre infirmière, c'est dur, cela rapporte peu. Mais c'est quand même un beau métier que plus de la moitié des sondés conseillerait à ses enfants.

Sondage exclusif CSA/La Vie réalisé les 16 et 17 mai 1989 auprès d'un échantillon national représentatif de 1000 personnes âgées de 18 ans et plus.
Commentaires : “La Vie”, mai 1989

Postface

Lucidité

Certains passages de ce livre peuvent paraître sombres, désenchantés. Mais pouvons-nous parler "gaiement" du licenciement, du chômage et des mauvaises conditions de travail ?

Il nous semble important de souligner que les femmes, elles aussi, acceptent de regarder la réalité en face : conditions pour faire évoluer les choses. Que les femmes parlent de leurs difficultés, c'est nécessaire pour aller plus loin et peut-être changer nos propres comportements.

Cependant, le travail professionnel qui concerne tant de femmes est aussi un choix que nous ne regrettons pas, une obligation que beaucoup d'entre nous savent accepter et transformer en source d'épanouissement.

Pour toutes ces raisons, nous souhaitons conclure sur une note optimiste et nous donnons la parole à Annie et Béatrice.

«J'ai travaillé pendant 13 ans avant de m'arrêter pour élever nos deux enfants. Notre dernier enfant avait 11 ans lorsque j'ai repris une activité professionnelle à plein temps. Je suis employée de bureau dans une PME. Au début, les relations avec les collègues n'ont pas toujours été faciles. Avec beaucoup de diplomatie, j'ai réussi à me faire accepter.

Depuis que je travaille, les relations au sein de la famille sont meilleures qu'avant. Mon fils m'a dit un jour : "Maman, tu m'écoutes plus depuis que tu travailles. Nous pouvons discuter plus facilement tous les deux." Malgré le temps que je passe hors de la maison et en dépit du travail ménager que je continue à assumer, je suis plus disponible pour tout le monde, j'arrive à faire beaucoup de choses avec toute la famille.

Je m'accorde aussi des temps de loisirs. Je fais du sport. J'ai aussi une passion : la Chine. Je suis partie deux fois en voyage dans ce pays. Les enfants et mon mari ont bien vécu mes escapades chinoises. Ils se sont assumés tous les trois à la maison. Cette année, nous avons accueilli, et ce pour l'année scolaire, une Australienne de 16 ans.»

■ Annie

«40 ans passés, les enfants ont grandi, mes parents en disparaissant trop tôt ont laissé un grand vide et j'avais envie de faire quelque chose pour moi.

Une amie me parle du stage "Retravailler". Pourquoi pas ? Pendant deux mois, expérience enrichissante. Nous sommes une quinzaine de femmes à participer à ce stage ; les motivations semblent différentes et pourtant nous découvrons peu à peu que nous avons beaucoup de choses en commun. Le travail sur nous-mêmes, les tests, nous apprennent à mieux nous connaître, mieux nous accepter, il semble que je deviens plus "vraie". Oui, mais voilà, qu'est-ce que je veux faire ? Une vieille envie me taraude : repasser mon Bac. Une année de cours à l'Université pour passer l'ESEU et je l'obtiens. Quelques élèves ont mon âge et même plus, d'autres à peine la moitié : je me lie avec certains, je découvre là aussi des chemins de vie difficiles : échecs, ruptures, deuils, souffrances. Ensuite, tout va aller assez vite : stage de perfectionnement en anglais, stage de secrétariat bilingue avec examen à la clé.

L'entreprise qui m'a accueillie pour la partie pratique du stage me propose un CDD (contrat à durée déterminée) de 18 mois. J'accepte, mais j'espérais mieux : le poste ne correspond pas à ma nouvelle qualification, je suis déçue par l'ambiance, les conditions de travail, et mon bel enthousiasme tombe peu à peu. A la fin de mon contrat, je trouve un emploi presque définitif : je remplace actuellement, pour une période de trois ans, une jeune maman en congé parental d'éducation.

Voilà mon parcours. Je ne dis pas qu'il est exemplaire, certains diront que j'ai pris mon temps pour retravailler, mais il était important pour moi de repartir sur des bases solides et d'asseoir mes connaissances. Je crois que j'ai été privilégiée car j'ai pu réaliser ce dont j'avais envie, il n'y avait pas d'urgence absolue.

J'ai maintenant un emploi stable et je peux espérer me maintenir dans l'entreprise au-delà des trois ans. Mon mari est au chômage depuis deux ans, c'est maintenant lui qui reste à la maison. Inutile de dire que mon salaire a été le bienvenu. Je n'ai qu'un regret : que l'antenne "Retravailler" de ma ville soit aujourd'hui fermée !

Je voudrais ajouter que dans tous les endroits où je suis passée, ce sont les liens d'amitié créés qui m'ont aidée à tenir le coup : j'ai eu affaire à des gens formidables et je ne me souviens que de ceux-là.»

■ Béatrice

Qu'est-ce qu'un groupe de travail ACGF ?

L'Action Catholique Générale Féminine propose des rencontres régulières ou ponctuelles aux femmes. Elles peuvent ainsi parler de tout ce qui leur tient à cœur : la famille, le travail, la santé, les engagements, la foi, l'Eglise, la vie politique, etc... Chaque groupe ou équipe de femmes choisit lui-même le thème de ses échanges et consigne dans des comptes rendus l'essentiel de ce que les femmes disent au cours de ces rencontres. Le secrétariat national reçoit ainsi plus de 4000 comptes rendus venant de toute la France. Ils sont le reflet des préoccupations et des aspirations des femmes aujourd'hui en France. Ces comptes rendus sont relus par des groupes de travail spécifiques.

Nationalement, il en existe actuellement huit :
Femmes et relations familiales, Femmes dans le monde du travail, Elues municipales et politiques, Femmes dans l'espace rural, Femmes du monde ouvrier, Femmes et santé, Femmes seules, Femmes d'ici et d'ailleurs.

TABLE DES MATIÈRES

■ Le groupe de travail ■
"Femmes dans le monde du travail"

■

Anne-Marie Terreau responsable service de comptabilité Paris
Annie Bebin agent d'approvisionnement en Ardèche
Evelyne Adami responsable cuisine scolaire à Paris
Aumônier : Roger Gay,
prêtre du diocèse de Châlons sur Marne

■

Mise en pages et illustrations de Marie-Joséphine Lyky

Dans la collection “réalités d’aujourd’hui”

Capital santé	Antoinette Simeray 1995 ▪ 40F et le groupe de travail ACGF “Femmes et santé”

Achevé d'imprimer par Corlet, Imprimeur, S.A. - 14110 Condé-sur-Noireau (France)
N° d'Imprimeur : 13072 - Dépôt légal : octobre 1995
Imprimé en C.E.E.